服装销售
业绩倍增实战

龙 晴◎著

中国铁道出版社有限公司
CHINA RAILWAY PUBLISHING HOUSE CO., LTD.

图书在版编目（CIP）数据

服装销售业绩倍增实战 / 龙晴著 .—北京：中国铁道出版社
有限公司，2023.9
ISBN 978-7-113-30169-9

Ⅰ.①服… Ⅱ.①龙… Ⅲ.①服装 – 销售 Ⅳ.① F768.3

中国国家版本馆 CIP 数据核字（2023）第 067120 号

书　　名：服装销售业绩倍增实战
　　　　　FUZHUANG XIAOSHOU YEJI BEIZENG SHIZHAN
作　　者：龙　晴

责任编辑：吕　芰　　　　编辑部电话：(010) 51873035　　电子邮箱：181729035@qq.com
封面设计：宿　萌
责任校对：苗　丹
责任印制：赵星辰

出版发行：中国铁道出版社有限公司（100054，北京市西城区右安门西街 8 号）
网　　址：http:// www.tdpress.com
印　　刷：河北宝昌佳彩印刷有限公司
版　　次：2023 年 9 月第 1 版　2023 年 9 月第 1 次印刷
开　　本：710 mm×1 000 mm 1/16　印张：12.5　字数：165 千
书　　号：ISBN 978-7-113-30169-9
定　　价：69.00 元

|前　言|

随着人们生活水平的不断提高，越来越多的人开始追求个性化、品质化的生活。品牌如果不寻找新的营销方法，那么市场份额就会减少。

在这个快速发展的时代，市场产品极度细分，越来越多的企业开始感受到营销方面的压力，很多服装企业还没有在如今残酷的市场中找到一处立足之地就已经退出。营销传播其实是一把"双刃剑"，它既可以让一个品牌受到广泛关注，也可以让其淹没在海量信息里，所以要掌握好营销策略，把握好营销方向，才能够将品牌带出迷雾，走到用户面前。

本书讲述目前服装企业遇到的营销困境，提出让企业打破固有的认识，讲好品牌故事或将品牌 IP 化，让受众能够记住你的品牌，通过运营短视频账号和直播带货的方式引流转化，汇聚私域流量。

一方面，传统的广告营销方式已经不再适用于现在的市场环境，无法激发用户的消费诉求；另一方面，企业间的竞争越来越激烈，甚至出现恶性竞争的局面。

如何打破这种模式？企业要塑造出属于品牌的优势，通过品牌展现自身价值，影响用户长期、重复购买。

设计出一个属于品牌的独特故事，凭借故事让用户对你的品牌产生良好的初步印象。故事的主题可以是讲述品牌创始人，可以是运用神话传说，可以是宣扬品牌主张，也可以是介绍产品功能。除了设计品牌故事外，还可以运用语言钉和视觉锤，传递品牌定位，打造属于品牌专属图案或符号。这就是为什么很多广告词到现在我们还记忆犹新。利用语言钉或视觉锤的方式，一旦在心中打下烙印就很难磨灭。还可以将品牌 IP 化，让用户自觉传播。

根据 AISAS 原理打造营销闭环，找准机会借力打力，如跟随热点新闻、邀请名人代言、赞助综艺节目等，这些都可以加大品牌的曝光度。

近年来，短视频平台的火爆，背后也蕴藏着巨大的商机。要选择一个合适的平台推广产品，同时发展直播领域，作为互联网时代的新兴销售模式，用户乐于接受这种新型的购物方式。两者有效地结合在一起，联合营销就会迸发出更大的力量。

最后一步是社群营销，维持品牌的私域流量，营运社群属于触达用户的一种方式，与用户的交流也更为紧密，优势就是低成本、高收入，能有效地积累粉丝。

无论你是已经身处服装行业还是决定进入服装行业，相信本书都能为你提供一个新思路，掌握新的营销方法来助力实现业绩倍增。

龙　晴

目　　录

上篇　服装品牌修炼

下篇　营销模式升级

上篇
服装品牌修炼

第 1 章

营销困境：方法想了很多，营销却没效果

你遇到过这样的情况吗？营销的方法学了不少，关于营销的书也看了很多，甚至还看了很多如何营销的文章，但是做出来的营销却依然没有效果。这个问题长期困扰着各个行业，其中就包括服装行业。

1.1　市场营销环境风云变幻，品牌营销压力重重

随着服装市场规模不断扩大，同行业之间的竞争也越来越激烈，在相同条件下如何更好地掌握营销操作技巧，为企业带来利益，成为营销的一个难题。

1.1.1　国内外品牌持续涌入，市场竞争日趋激烈

近几年，服装市场的竞争越来越激烈，而且参与竞争的不仅有国内品牌，还有很多国外品牌。现在经济不断发展，生活水平进一步提高，用户对服装的要求比之前高了很多，偏好越来越时尚化、潮流化。国外品牌看中了我国的服装市场，不约而同地纷纷在我国布局，也获得了用户的认可和喜爱。有些国外品牌的知名度已经到了家喻户晓的地步。

如此多的国外品牌的进驻，势必会对国内品牌产生影响。例如，对于两件价格相同，面料没有太大差别的衣服，有些用户会选择国外品牌。因为在这些用户的潜意识里，国外品牌的知名度会高一些，产品也更能展现自己的时尚感和个性。

不可否认，在现实生活中，有些用户确实更愿意选择国外品牌的产品。几十年前，国内服装品牌大多将关注点放在产量增加方面，而忽略了衣服的款式设计和风格创新。甚至有些小型服装厂就是因为产量需求而建设和发展起来的。

但新时代的客户更愿意花钱购买质量高、有个性的衣服，导致很多国内服装品牌大量模仿国外品牌的设计，产品价格也定得越来越高。因此，这些国内品牌给用户留下了"设计没特色，价格又偏高"的印象。久而久之，自然有一些用户更愿意选择国外品牌。

由此可见，国内品牌要想更好地完成形象打造和口碑树立等工作，还有很长的路要走。但这并不意味着，相比于国外品牌，国内品牌一点优势都没有。有些看中性价比的用户还是会优先考虑国内品牌。而且，国内品牌比国外品牌更了解我国的用户，产品更接地气。无论是衣服尺寸、颜色搭配，还是电商体验，国内品牌也都做得越来越好。

其实在竞争激烈的服装市场中，国内品牌和国外品牌要想有优势，获得用户的青睐，都必须做出一些改变来应对竞争。国外品牌需要更深入地了解我国的用户，国内品牌需要对款式设计进行优化创新，不要总是走"模仿"的道路。这样国内品牌和国外品牌就可以在我国"双开花"，为广大用户提供更好的产品。

1.1.2　信息碎片化时代，营销传播面临挑战

传统营销传播是单向的，即企业只要把握好让广告产生效果的关键点，即可顺利达到预期目标。但到了信息碎片化时代，营销传播的不确定性因素在持续增加，这种不确定性与技术发展有关，也与用户在新媒体环境中的社交行为有关。

在技术改革的过程中，传播的方式发生改变，从以前的广告传播，到现在的内容即产品、所见即所得，大数据、智能推荐等成为精准传播的手段；传播的渠道发生改变，广告还可以运用自媒体、短视频进行传播，受到大众欢迎；传播的语境发生改变，新媒体下的语境逐渐变得开放、平等、匿名、交互。

在这种情况下，企业对用户的控制力会减弱，营销活动也被不确定性因素包围。因此，企业已很难像之前那样可以很好地控制广告产生的效果。除了企业以外，广告代理商也无法控制这些不确定性因素的增加，不能像以前那样引导舆论走向、消除不良信息的负面作用。

在信息碎片化时代，营销传播是一把"双刃剑"。这不仅意味着任何信息都有可能获得广泛关注，也意味着任何信息都更容易被淹没在海量数据里。现在"人人都是自媒体"已经不是夸张的说法，在这样的前提下，企业要想"出圈"自然比之前困难得多。

既然现状难以改变，那么企业要学会与信息碎片化时代的媒体打交道，建立良好的信息沟通，保证品牌的营销不会被淹没在海量信息中。企业应该在纷繁嘈杂的市场中想方设法抢占用户的注意力和时间。例如，用抓人眼球、牵动人心的超级话题引爆品牌，为品牌创造更多价值。

营销传播不仅是一门艺术，更是一门科学。好的营销传播需要灵感，但在获得灵感前，企业需要深刻理解营销传播的本质，熟练掌握营销传播的方法，并不断进行思维训练，积累足够的知识储备和实践经验。

1.1.3 不同品牌间相互模仿，品牌同质化严重

同质化是指同一大类中不同品牌的产品在性能、外观甚至营销手段上相互模仿，以致逐渐趋同的现象。

近些年服装市场获得了长足发展，但在这个过程中，很多企业陷入了品牌同质化的"泥潭"。一些规模比较大的企业为了提升市场覆盖率进行代工生产；规模比较小的企业则为了增加收益进行版型复制。此外，企业对创意的忽视和对商业目标的过度追求，让企业缺乏创新能力，难以对设计人才进行很好的培养，最终导致竞争力和影响力的持续下降。一旦发生同质化竞争，免不了进行价格战，市场就会被扰乱。

上述因素都在一定程度上引发了服装市场环境复杂、服装产品特色不强、用户认同感弱等不良现象，严重阻碍了企业的进步。因此，品牌同质化已成为企业亟须解决的问题。企业究竟应该是卖产品还是卖文化，关于这一点众说纷纭。但可以肯定的是，卓越的产品永远都受欢迎。因此，企业应该关注设计部门，督促其设计更多时尚、质量高的产品。

企业还要培养更多设计人才，帮助他们积累实践经验，让他们学习丰富的专业知识，掌握更有效的实操技能。例如，某品牌重视设计人才对服装历史本源的认知，为他们培训服装结构、打版技术、面料特点等知识，帮助他们增强展现个性与风格的勇气和信心。

在终端视觉陈列方面，很多企业也非常不重视，这也加重了品牌同质化。其实不仅仅是产品，终端视觉陈列也可以凸显品牌与众不同的主张。我们不妨细心观察，很多国外品牌能够在我国迅速成长，与其精致、极具个性与美感的终端视觉陈列密不可分。企业应该将不同产品在不同货架上做展示，营造新颖、具有活力的季节性氛围，增强店铺对用户的吸引力。

综合地看，要解决品牌同质化问题，企业可以从以下三个方面入手。

（1）从品牌定位入手，梳理自己的发展方向，制定符合经营策略的产品企划系统，构建品牌框架，进一步优化供应链，提升设计人才的创新能力。

（2）打造个性化的品牌形象，多维度传播品牌理念，加强自己与用户之间的情感联系，让用户对品牌形成记忆点。

（3）重组内部架构，重视设计部门，加强各部门之间的沟通与配合，同时提升员工的专业技巧，打造单兵作战的强大能力。

未来服装市场的竞争会越来越激烈，品牌同质化也会更严重。缺乏创新能力、核心竞争力低、设计能力差的企业很可能会被淘汰出局。产品的作用是诠释品牌，是品牌的支撑。为了抢占先机，企业要不断赋予产品和品牌独特、有个性的元素，在差异化优势并不是很突出时，可以依靠凸显差异化的特征来打造出特色产品，持续性占领用户的心，尽快实现差异化转型。

1.1.4　消费升级，消费者对体验的需求与日俱增

生活水平提高带动消费升级，用户对体验的需求与日俱增。企业为了避免品牌同质化选择通过减少利润来获取流量，用贴心服务提升用户的消费体验。新零售时代，用户的购买行为发生了巨大变化，这种变化从单纯地看重产品转移到追求体验上。

对此，奥美互动全球 CEO 布莱恩·费瑟斯通豪曾感叹道："我们曾经处在一个简单而美好的年代，但是这样的日子已经一去不返了。"他提出，现在用户每天花在数字媒体上的时间超过 20%，而企业在数字媒体上营销预算只占全部的 5%。布莱恩·费瑟斯通豪认为新流量时代的营销并不只是增加数字媒体的营销预算那么简单，曾经被营销界奉为圭臬的"4P"理论应该变革了。因此，他提出了"4E"理论，即体验（Experience）、无所不在（Everyplace）、交换（Exchange）、布道（Evangelism）。

1. 体验（Experience）

技术的差异化所带来的市场优势越来越小，手机更新换代只需几个月的时间。想要用户在眼花缭乱的产品中注意到自己，企业应把营销重点从卖单产品转移到全面提升用户体验上来。

2. 无所不在（Everyplace）

以往的销售渠道主要是商店陈列，经营者需要考虑的只有如何把货架上的商品摆放得更漂亮。而现在有了更多的销售渠道，"线上 + 线下"的全场景营销可以让用户在任何地方买到心仪的商品。

3. 交换（Exchange）

如今价格已经不是用户最看重的产品标签了。现在用户关注更多的是

价值。但用户对于价值的评判因人而异，因此，企业要有针对性地挖掘目标用户的价值点。

4. 布道（Evangelism）

好品牌都会有一个伟大的理念作为背书，例如，可口可乐一直以传递快乐作为品牌理念，并且多年来始终不变地贯彻着这一理念，让人们逐渐把"快乐"二字与其产品联系到一起。好的营销活动常会提供一个有吸引力的创意，让人们愿意主动分享。

这些都说明了一个道理：体验对企业的重要性越来越强。因此，企业需要深入观察和分析用户的购买历程，辨别哪些因素可能会影响用户的消费决策，以及如何为用户提供良好的体验等关键环节，然后再根据研究和分析结果制定相应的措施。

现在为了提升用户的购物体验，很多企业都专门打造了线下体验店，并在店内配置了深受用户喜爱的"3D 虚拟试衣镜"，如图 1-1 所示。

图 1-1 "3D 虚拟试衣镜"

"3D 虚拟试衣镜"是在人体测量建模系统和 AR 技术的支持下才得以顺利运行的，用户只要在其面前停留 3 ~ 5 秒，系统就可以构建出一个人体

3D 模型，并获取到详细且精准的用户身材数据，然后这些数据就会被同步到云 3D 服装定制系统中。这样企业就可以为用户提供虚拟试衣的服务，还可以根据用户身材数据为其进行远程服装定制。

除了"3D 虚拟试衣镜"，Prada（普拉达）为了帮助用户优化体验在自己的线下店引入了智能屏幕。屏幕可以自动识别每件衣服上的 RFID（无线射频识别技术）芯片，等到识别成功后，模特穿着这件衣服走秀的视频就会在屏幕上自动播放，促使用户对衣服产生极大的兴趣和购买欲望。

另外，通过 RFID（无线射频识别技术）等先进技术，Prada 总部还可以掌握衣服被拿的次数、用户试穿衣服的时间、衣服是否被购买等信息，并对这些信息进行更深层次的分析和利用。在引入先进技术以后，Prada 的总体销售量有了很大提升，用户的购物体验也得到了进一步优化。

1.2　服装企业深陷营销迷雾，难见曙光

随着用户的消费意识越来越成熟，单纯以广告为核心的品牌战已经不再适用于现在的市场。在服装这个行业内，消费具有偶然性，"大一统"品牌的号召力已逐渐减弱。在媒体飞速发展的新时代，营销渠道增多，营销方法越来越多元化，但营销并没有变得更加简单，反而增加了难度。

1.2.1　品牌意识薄弱，营销只关注传播和广告

有些企业虽然做了很多年的营销，也重视营销，但实际上可能不太理

解什么是营销。很多时候，这些企业把大笔的广告费花出去了，营销活动一场接着一场，为产品和品牌做盲目的推广和宣传，最后却没有很大收获，弄得自己也很沮丧。这究竟是为什么呢？

因为这些企业错误地把营销当成简单的广告和传播，而没能触碰到营销的本质和深层内涵，把工作只停留在表面。那么，营销到底是什么，有什么深层内涵，在竞争如此激烈的时代，企业应该如何做营销。

营销的最根本定义不仅仅是广告和传播。除了简单的广告和传播之外，营销还要对产品、服务、创意、定价、分销渠道等都有一个系统性的、全方位的理解和规划。在营销方面，企业面临的一个重要职责是深度挖掘用户的需求，对市场做细分，寻找目标消费群体，并根据他们的消费特征和消费心理对产品的设计、研发、生产及定价做出正确指导。

在线上与线下一同发展的新模式下，从前期调查到生产销售，再到最终的用户反馈，几乎每一个环节都离不开营销。例如，作为新零售领域的佼佼者，李宁积极创新自己的营销策略，将自己定位为高端运动品牌，从服装设计方面入手，向其面向的年轻白领用户群体靠拢，其供应链优化和门店选址等工作都是在营销思想的指导下进行的。

所以，广告和传播只是营销的一部分，营销还包括选址、生产、包装、商品展示等环节。总之，凡是能提升产品销量、提升品牌知名度的工作内容都属于营销的一部分。

1.2.2　品牌概念不明、定位不准，难以深入人心

在商业发展的长期实践活动中，已经有很多学者对定位的原则进行了归纳和总结。企业在为品牌定位时应该遵循的原则有四项，分别是执行品牌识别、切中目标群体、传播品牌形象和创造品牌差异化优势，如图 1-2 所示。

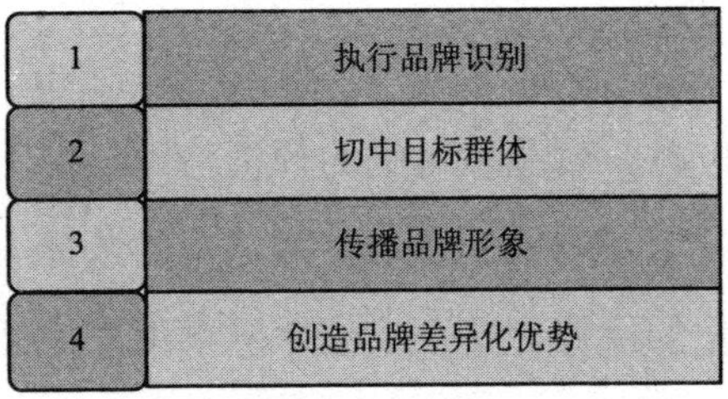

1	执行品牌识别
2	切中目标群体
3	传播品牌形象
4	创造品牌差异化优势

图 1-2　品牌定位的四项原则

1. 执行品牌识别

品牌定位不能脱离品牌在用户心中的识别度，只有定位足够清晰，能够使用户清楚明白地将自己的品牌从市场上的同质化品牌中识别出来，这样品牌的定位才有价值和意义。这就需要让用户能够识别品牌的核心价值，让用户区别开品牌与其竞争对手，获得识别上的优势。例如，森马服装的定位是为用户精心挑选出高品质、价格合理的休闲类服装，并在用户心中获得高识别度和强影响力。

2. 切中目标用户

信息传递应当切中特定的传播对象。对品牌定位来说，定位信息的传递也应当瞄准、切中企业的目标群体。例如，海澜之家就是切中追求品质和时尚的男性消费者。

3. 传播品牌形象

品牌定位在很大程度上决定着企业对用户传递的形象内容。而且，品牌定位的过程也应该不断树立、修正、强化企业的品牌形象。例如，太平鸟的定位是"让每个人都享受时尚的乐趣"。后来，随着太平鸟开启新零售化，其定位就变成了"快时尚虚拟联合"，在对定位进行树立和修正中传播，使自己的品牌形象不断强化。

4. 创造品牌差异化优势

企业在进行定位时，对竞争对手的分析与评估是不可或缺的。企业的竞争对手在很大程度上影响了企业对品牌定位的选择。只有在与竞争对手的比较中拥有差异化的优势，这个定位才能在用户的品牌印象中占有一席之地，从而引发下一步购买行为的可能。例如，以纯的宣传语"衣出彩，就出色！"就是一种对品牌差异化优势的强化。

理解了以上四项原则，企业在进行品牌定位时就有了明确的方向。抓住这四项原则进行定位，有利于企业在新零售的浪潮中迅速找到定位的途径和方法，并在与竞争对手的较量中占据一定的优势地位。此外，企业还需要知道在产品定位时应该注意避开的误区，从而走正确的路线，节约定位成本，做到定位效率最大化。

品牌定位上的误区主要是认知上的误区和运用上的误区，具体来说有以下三种。

第一，从企业的角度定位而不是从用户的角度定位。例如，某企业将自己定位为"行业领导者"，这样的定位对用户来说没有太大意义，是脱离用户需求的。因此，这样的定位是企业在进行品牌定位时应该避开的误区。

第二，品牌的定位背离用户的已有认知。企业要考虑用户固有的认知习惯，不能使品牌的定位和用户的认知背离。例如，专注于时尚女装、名声较大的企业建立一个同名的子品牌用来销售家具，那么在用户心中该品牌下的家居模块就会不专业，这就是因为在打造品牌时，没有避开背离用户已有认知的误区。

第三，把企业广告和品牌定位等同。许多企业没能将广告和品牌定位区分开来，认为广告就是品牌定位。然而，企业的广告大多数只是传播品牌的核心理念，希望对用户产生记忆上的深刻影响，与品牌定位无法混为一谈。定位作为打入用户心中的"钉子"，应当简洁有力，并且紧抓用户需求。如果企业将广告和定位等同起来，就会使用户产生迷惑，让用户无法理解品牌，这样的定位将是无效的。

　　紧扣四项原则，避开上面提到的三种误区，进行正确的品牌定位，对企业做好合理、准确的定位是至关重要的。

1.2.3　品牌宣传途径单一，明星效应两极化

　　新零售时代在某种程度上也是粉丝经济的时代，明星是一个巨大的流量输出途径，这就是企业需要关注并加以利用的一点。年轻的粉丝在某种程度上对于明星普遍抱有一种亲近仰慕、跟随效仿的心态，这也是明星效应的具体表现。而且，明星的一举一动都可能带来广告效应。明星的个人品牌能够将流量带到与他们相关的品牌上，拉动品牌的发展。

　　另外，明星的形象是具体清晰的，能够使产品变得更可视化，让用户对产品及品牌产生更强烈的亲切感和熟悉感。此外，明星的代言或表演也能够为用户带来一种使用产品的氛围感和仪式感，让用户能够通过观看明星使用产品的场景对产品和品牌进行一种美化的想象。明星使产品不再是单纯具有物理属性和使用意义的产品，而是一种更丰富的，在使用时会带来一种文化心理感受的产品，更有利于产品的销售和品牌的推广。

　　由此可见，企业结合明星效应进行广告宣传，在某种程度上可以说是效果巨大的。合理利用明星效应有利于企业扩大影响力，提升知名度。但如今名人营销泛滥也让明星效应的作用呈现两极化。我们很难完全否定或者完全肯定明星效应的价值，但其从大受欢迎到因泛滥而遭到质疑，实际上不难看出其两个发展趋势。

　　趋势一：用户更理性，不再被品牌"牵着鼻子走"。

　　现在只追求"完美外在"的理念已经不符合大众的生活现实，因此，只靠明星为品牌代言可能难以产生很好的效果。

趋势二：情感诉求能够引发用户的共鸣。

当广告中传递的情感可以戳中用户内心时，品牌往往能够获得用户的支持和认同。但在这个方面，明星因为与普通人有一定的距离感，所以由他们主导的广告效果反而可能不如由普通人主导的广告。

还有一个原因是有些明星手握多个代言，用户很容易对其产生混乱感。例如，某明星因为电影中的一个角色走红，拿到了 35 个品牌的代言，产品涵盖饮料、巧克力、服装、鞋子、蛋糕、矿泉水、数码产品等，一度引起用户的认知混乱。

其实在宣传品牌和产品方面，企业不应该过多地依赖明星，而应该重视创意。在微博、小红书、微信等社交平台上，虽然明星能够触及的用户很多，但带来的效果是短期的。相反，好的创意能够超越明星效应，帮助企业在更大的范围内实现快速传播。

第 2 章

破局之路：突破固有认识，关注品牌价值

　　很多老品牌依靠过硬的产品走到今天，始终保持着稳定的价格。可是在原材料、人工费都在涨价的今天，企业的盈利能力会越来越弱，甚至被市场淘汰。因此，在新流量时代经营者应打破固有认识，重新认识品牌价值，充分发挥品牌溢价的能力，既要合理增加利润，又要留住用户。

2.1　品牌汇聚服装企业价值

传统的营销以市场为导向，通过市场调查，确定营销策略。随着用户需求的转变，这种营销模式也需要改变，要形成品牌价值，以用户的需求为导向，才是广大品牌的选择。

2.1.1　个性价值：通过品牌展现独特性

企业要想让自己的品牌在趋于同质化的市场中脱颖而出，吸引用户的目光，就需要让品牌具有个性，塑造品牌的独特优势，让品牌更好地满足用户的需求。具有个性的品牌与竞争对手相比在某一方面或者整体上有更大优势，可以受到更多关注。

那么，企业应该如何打造具有个性的品牌呢？

首先，企业要了解品牌定位与用户期望。企业要突出品牌的核心价值，以其为出发点满足用户的需求。在大多数情况下，用户更倾向于选择与自己的品位和风格相符的品牌，就像我们在交朋友时肯定也愿意选择与自己"三观"一致的人。

其次，企业要根据用户期望为品牌打造人格化形象。品牌的个性不仅要与用户匹配，同时也要符合他们的普遍期望，向他们传递正能量。通俗地说，企业要让品牌满足用户心中的美好，包括快乐、突破自我等，打造积极、正面的人格化形象。

再次，企业要与用户建立情感联系。品牌有个性的前提是具备情感，与用户形成精神层面的连接，从而让用户享受到依赖感与归属感。例如，企业可通过创作品牌故事、与用户进行线上线下互动、输出品牌内容等方式，不断提升自己的"温度"。

最后，通过营销让用户了解品牌的个性。现在已经不是"酒香不怕巷子深"的时代，品牌需要依靠各种渠道和平台作为媒介传播出去。企业要以品牌为核心设计宣传方案、营销活动等，从而有目的地向用户释放品牌的魅力，进一步提升品牌的个性价值。

有个性的品牌会像人一样，可以在培养中成长，在成长中变化。企业要想让品牌保持稳定传播，使其吸引更多用户，就必须对其进行投资与管理，利用自己的优势和长处，努力发展创新能力，充分满足用户的需求，在竞争中占据优势地位。

2.1.2 信用价值：品牌体现了企业的隐形承诺

当用户购买了企业的产品后，企业就对用户有了一份承诺和责任。在这个产品的生命周期中，企业要对用户负责。很多时候，承诺和责任都是隐形的，会对用户的选择产生非常大的影响。品牌是企业的载体，用户对品牌的认同就是对企业的信任。因此，企业要想给予用户需要的承诺，最有效的办法就是建立品牌，树立品牌形象，让用户信赖品牌，从而信赖产品，给用户足够的安全感。

例如，为了更好地占据用户的心智，李宁以自己的名字为品牌命名，使其运动鞋和服装在上市之初销售量猛增。李宁的身上凝聚了活力、声望、竞技水平与敢于拼搏的体育精神，这些对于用户来说是非常重要的隐形承诺。现在李宁每年都会拿出一部分资金用于技术研发与产品开发，从多个角度对产品进行设计与优化，受到了广大用户的信任与喜爱。

　　像李宁这样有信用价值的品牌能率先完成用户的认知过程，同时也能更好地为企业背书，更容易得到用户的认可。在消费过程中，很多人会经常遇到这样的情况：当自己不够了解某个品牌时，心里会有一种不安全感，会下意识地选择具有良好声誉的品牌。这就是品牌所带来的信用价值，它在无形中降低了用户的心理戒备，增强其对产品的好感。

　　所以，企业一定要做好对用户的隐形承诺，打造品牌的信用价值。其方法如图 2-1 所示。

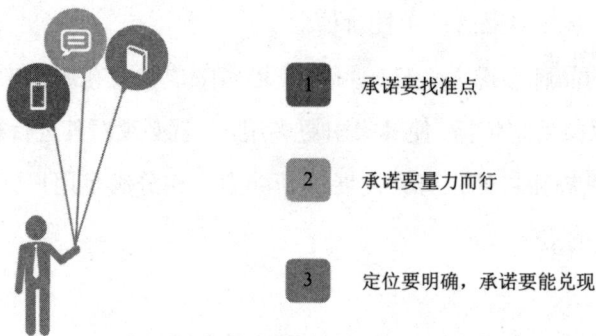

1	承诺要找准点
2	承诺要量力而行
3	定位要明确，承诺要能兑现

图 2-1　隐形承诺

　　（1）承诺要找准点。品牌需要有特定的消费群体，其承诺一定要结合自身定位，找准消费群体和承诺的关键点。例如，阿迪达斯的品牌承诺是为喜欢运动的人提供舒适、时尚的鞋服，因此，它非常重视产品设计与研发。

　　（2）承诺要量力而行。有些企业喜欢随便给用户承诺，打的品牌口号是以高品质为主，但实际上产品的质量并不是很高，最后让用户有上当的感觉。对企业而言，重要的不是承诺了多少，而是承诺的东西能做到多少。

　　（3）定位要明确，承诺要能兑现。企业要想兑现承诺，关键就在于对自己的品牌有正确认识。企业要多关注用户重视的东西，通过多种渠道与用户沟通，切实满足用户的需求，这样才能实现隐形承诺，提升用户的信任度。

承诺隐含着企业对用户的所有保证，反映出企业的经营理念和品牌的信用价值。企业在建立品牌时一定要重视定位，关注品牌的内涵塑造。

2.1.3 溢价价值：有了品牌才会产生溢价价值

品牌溢价是指品牌的附加价值，简单来说，同样的产品用户会自然地认为贵的更有价值。例如，纪梵希与 ZARA 销售同一条裙子，纪梵希的卖1 000 元，而 ZARA 的只卖 100 元，但还是会有很多用户花 1 000 元去购买纪梵希的裙子，并认为纪梵希的裙子质量更好。这是因为在用户心中纪梵希的品牌形象高于 ZARA，所以纪梵希的产品价格贵也是理所应当的。

品牌营销很难彻底脱离价格战，因此，提升品牌溢价能力很有必要，它能让产品的价格更有竞争力。

从经济学角度来说，用户能接受的价格体现出产品在用户心中的价值。用户在购买产品时希望达到自己的利益最大化，即在产品给自己带来一定的效用时所耗费的成本最低。而企业则是在合理的范围内追求更高的利润。

双方的核心点和出发点都是以自己为主，因此，产品的定价既要使企业满意，又能让用户接受。那么，企业应该如何定价？定价的核心标准是什么？首先从法律角度解读价格公式。假设用户为甲方，商家为乙方，甲方和乙方都会选择对自己有利的陈述，但如何判断、如何定案，不能只听双方的陈述，还要讲究证据。

用户认为产品的价格太高，除非降价，否则不会购买；卖家认为自己的产品质量好，值得这个价格，不可能降价销售。双方的意见没有达成统一，这次交易只得终止。在这个过程中，双方都是为了让自己的利益最大化。

那么，如何既让用户接受价格，又不用牺牲企业的利润？这时就需要以证据来设定用户可以接受的价格。证据就是双方交易产品的价值。产品的价值一般由功能性价值和其他附加值构成。我们可以将附加值理解为用户对产品产生认同的情感价值和心理价值，即用户愿意为此多付出额外的钱，也就是品牌溢价。那么，打造品牌溢价有哪些方法呢？

1. 塑造行业领先形象

一般来说，小名牌的溢价能力不如大名牌强，国产品牌的溢价能力则不如国际知名品牌强，这就是为什么爱马仕、GUCCI 等品牌的价格更高。因此，企业要想品牌有更强的溢价能力，就要尽量塑造大品牌形象，可以多在主流媒体或知名度高的平台宣传自己的产品，佐证自己是大品牌的信息。

2. 高品质

用户购买产品，一般是因为产品的功能能够满足自己的需要。对此，企业应该提升产品品质，保证用户的需求不能被其他品牌满足，使用户对品牌建立长期信心，以此来增强品牌溢价能力。

3. 注重创新

当前市场品牌众多，企业要想在其中脱颖而出，就必须赋予自己产品更多的特色，进行差别化竞争。用户为产品支付更高的价格，产品就必须给用户更多其他品牌产品没有的回报，这样用户才愿意买单。

4. 赋予品牌高档感

在现实生活中，人们常愿意为那些高档品牌付出高价。那么，如何成为高档品牌呢？功能型的品牌应不断提高技术水平，使产品拥有更高的使用价值，如苹果手机。情感型的品牌应该注重塑造品牌成功、时尚等文化内涵，引起用户心中的共鸣，如高端护肤产品等。

然而，并不是所有用户都愿意支付品牌溢价，用户接受品牌溢价的因素来源于许多方面，但其根本仍是产品品质。

很多时候，用户的购买原则是追求性价比高的产品，即花较少的钱买优质的产品。用户又为什么会选择更贵的品牌产品呢？这就是品牌的溢价价值，如图 2-2 所示。

买的是一份产品保险

买的是一份独一无二

图 2-2　用户为什么选择更贵的品牌产品

（1）买的是一份产品保险

用户愿意购买更贵的品牌产品，买的就是品牌的承诺和保证，而这种溢价价值可以看作用户支付的一种产品保险金。从产品到品牌，再到知名品牌，企业需要承担的责任越来越重，面对的压力也越来越大，要为产品的质量和服务问题负责到底。

（2）买的是一份独一无二

正所谓"物以稀为贵"，很多限量款服装的价格节节飙升，但人们还是非常愿意购买。因为这些限量款服装具有稀缺性，可以满足用户的个性化需求。此外，用户还会选择高价格的品牌产品，因为品牌产品具有独特的高档感和价值感，这种感觉是品牌的情感溢价。

品牌以品质、技术为基础，通过广告塑造高端、成功、时尚、潮流等内涵，在设计与工艺上精益求精，并在豪华高档场所设立零售终端，以此来保持自己的情感溢价。例如，爱马仕作为一个知名的奢侈品牌，现在能赚钱就是因为过去不断花钱维护品牌。爱马仕一直请大牌设计师设计产品，把公司开在昂贵的地段，店面豪华装修，花高昂的广告费进行宣传，通过这些方法，不断塑造"高端大气"的形象，这个过程所带来的溢价远超产品本身。

2.2　形成品牌资产：为服装企业提供更多价值

在飞速发展的服装市场中，服装品牌的竞争慢慢地从产品竞争转变成为品牌竞争，企业的核心竞争力是什么？答案就是品牌文化。

2.2.1　品牌知名度：让更多的消费者了解品牌

企业要想让用户购买产品，首先要让用户听说过品牌。所以，打造品牌资产，建立知名度是第一步。品牌的知名度是指品牌被公众了解的程度，以及品牌对社会影响的广度和深度，是评价品牌名气大小的标准。品牌知名度高的不一定是杰出的品牌，而杰出的品牌，品牌知名度一定高，无论是世界 500 强还是中国 500 强品牌，没有一个是"无名之辈"。

生活中有些销售员常对顾客讲："我们的品牌从不看重名气，只注重质量。"那么很有可能，这个品牌既没有知名度，产品质量也平庸并不是默默无闻就一定没有好品牌，但是默默无闻的代价是市场反馈慢，企业的盈利难以维持运营。虽然用户有时会说名气大不一定代表好产品，但大多数时候他们还是会优先选择名气大的产品。

因此，提升品牌知名度对增加企业资产来说很重要，只有将品牌广而告之，才能吸引到更多用户的目光，扩大品牌影响力，为企业带来更好的效益。

企业如何才能建立知名度呢？

比较好的方法是找出产品独特的地方。企业提升知名度的目的是要让人知道自己的产品，从而记住产品。无可否认，独特的东西会最先被用户记住。所以，企业要想提升自己的知名度，最好让产品有特色，为产品制定一个独特的定位。

各种形式的广告在推广产品、提升知名度、打造品牌等方面都有着不可或缺的作用。所以，企业要快速提升知名度，离不开广告。广告的形式有多种，企业可以根据自身的实际情况做选择。

例如，像李宁、海澜之家等资金实力比较雄厚的企业，可以选择电视广告这类广告形式，往往费用相对较高，但在提升知名度方面的作用非常明显，见效特别快；如果资金实力不是那么雄厚，但又想通过广告提升知名度，那么就可以选择一些媒体广告，这类广告的费用要比电视广告低很多，而且在提升知名度方面的效果也是很不错的。

在提升知名度方面，推广工作是必须要做的。现在越来越多的企业选择用网络推广产品。网络推广依托强大的互联网为载体，针对广大网民进行推广，具有成本低、回报高、见效快等优势，在产品推广方面确实有着很好的效果。

企业在进行产品推广，提升知名度时，不妨选择网络推广这种行之有效的推广方式。利用网络推广产品，提升自己的知名度，主要是以发布信息和文案到各大平台的方式实现的。但这个过程需要企业花费较多的时间和人力去维护，也需要用较多的精力去运营账号。

2.2.2　品牌美誉度：让消费者长期、重复购买

用户如果形成了对产品的认知，那么企业接下来的任务就是对产品进行塑造。品牌是一种信用保障体系，如果产品本身质量不过关，存在巨大的缺陷，那么无论企业如何操作，品牌都是"站不住脚"的。因此，企业不应当只关心宣传，也应把着眼点放到产品上来。这就要求企业关注并帮

助产品不断进行升级改善，打造良好的品牌形象。

在新零售时代，线上与线下深度融合，企业以大数据为依托，结合物流的进化模式，拥有了传统零售不具备的优势。但即使如此，企业也要严格对产品的质量把关，让用户满意，不断提升自己的美誉度。例如，优衣库自从进入我国，经历了大风大浪，几度转型，在新零售的浪潮下，其同时在线上与线下开展业务，用户可以在线上订购，在线下提货。此后，优衣库又重点建设电商平台，不断提升产品质量，加快向新零售模式的转型。

无论是传统零售还是新零售，销售的本质都没有变化，核心还是过硬的质量和极致的消费体验。优衣库由于其产品有过硬的质量，赢得了用户的认可，提升了用户的满意度，使自己的转型升级更顺利地开展和实现。

当企业提升了品牌的美誉度后，就能够通过长期积累优化自己的形象。品牌的美誉度是在知名度的基础上发展出来的，反映了品牌在用户心中的形象和价值。企业应当深刻理解，只有长期的经营与培养，才能长久地保持品牌自身的良好形象，建立起品牌的美誉度，扩大品牌和产品的传播范围。

2.2.3　品牌认知度：提升企业对品牌的了解程度

企业掌握了良好的学习能力，培养了品牌思维方式，接下来就需要建立品牌认知度。品牌认知度是指用户对品牌内涵及价值的认识理解程度。品牌认知度是一个偏中性的概念，用户对品牌的认知分为"正面的"和"负面的"，例如一个人说："我太了解你了"，意思可能是"我太了解你有多善良忠厚了"，也可能是"我太了解你有多奸诈虚伪了"。因此，品牌要提升的应该是正面的认知度，而不是负面的认知度。

提高正面认知度的关键是保证产品服务正面积极的价值，并利用一定方法向用户强化这种价值。企业一有机会就要向用户强化自己产品的这些正面积极的价值，这样用户才会对品牌形成正面的认知度。

企业必须要对自己的品牌了如指掌，这样才能针对品牌做出有效、精准的营销。这也是企业应该掌握的品牌建设基本功，是广大营销人的必备修养。

那么，企业如何才能深入了解品牌呢？下面介绍两种简洁且实用的模型。

1. 黄金圈法则

黄金圈法则是企业应该具备的思维方式。黄金圈法则把思考、认识问题的层面分为三个圈，分别对应着三种层次，如图 2-3 所示。最外圈层是"What"层，是指"做什么"，就是事物的表象和外在表现形式；中间圈层是"How"层，也就是"怎么做"，是指做事的方法与途径；最内圈层是"Why"，意为"为什么"，就是要挖掘事物的深层原因和道理。

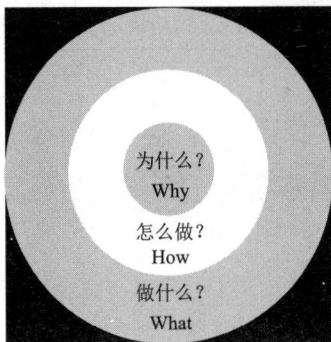

图 2-3　黄金圈法则

大部分企业的行为模式都局限在最外层，也就是"What"层，而没有向内挖掘深入。黄金圈法则下的思考模式则是从内向外，也就是按照"Why-How-What"的顺序进行思考。

因此，黄金圈法则能帮助企业用一种深刻的思维方式建立品牌认知度。如果企业使用黄金圈法则，能够从另一个更深、更广的层面，由内到外、由深到浅地对品牌进行认知，从而达到更好地进行营销的目的。

2. 马斯洛需求层次理论

马斯洛需求层次理论将需求分为生理需求、安全需求、爱和归属感、尊重、自我实现等五个层次，如图 2-4 所示。

图 2-4   马斯洛需求层次理论

在构建品牌认知度的过程中，企业可以根据马斯洛需求层次理论分析用户的需求，以此为依据衡量用户的需求是否被满足，以此来对品牌进行认知和思考。这种方式是从用户的需求入手，是企业和用户产生同理心的一种非常不错的实践方法。

在建立品牌认知度时，企业需要重新培养新的认知思维，了解品牌产生的效果、作用和本质目的。这样才能更好地服务用户，打造用户认可的品牌。

2.2.4   品牌联想：引发消费者回忆，影响购买决策

品牌联想是指用户可以记住的与品牌有联系的一切事物，包括产品的特征、使用场景、属性、用途等。企业一旦建立了品牌联想，那么当用户要寻找某个方面的利益或需求时，就会有意或者无意地联想到品牌。例如，提到运动就想到李宁、提到男装就想到海澜之家等。

品牌词的来源是品牌的热卖产品，例如，巴黎世家的经典风衣、添柏岚的大黄靴等。这些词为用户建立了最直观的品牌形象，当用户购买明星产品后，这个产品的特性就成为品牌的基础词。即使用户日后使用该品牌的其他产品，也依然会按照这些基础词来对品牌进行联想。

在定位理论的指导下，企业把品牌打造成品类的代名词，就相当于率先抢占了用户的心智，让用户牢牢地记住产品定位。在用户购物的过程中，拥有接触点是建立品牌联想的前提。因此，企业要尽可能地拓展与用户之间的接触点，让用户留下品牌记忆，产生不同维度的品牌联想。之后，企业要对用户的品牌联想进行积极管理，使其不断强化，形成一个统一的良好形象，进一步获得用户的认同。

一个品牌的容量是有限的，其品类不能无限扩展，必须沿着用户的既定思路去创新，而不是看到什么产品受欢迎就急忙去分"一杯羹"，否则品牌记忆会被稀释，反而让用户记不住，或者让用户觉得品牌背叛了自己的初心，从而产生反感心理。

接触点是品牌联想的重要载体，多次接触品牌虽然不会对用户的认知水平产生很大影响，但可以在很大程度上影响用户对产品的喜爱程度。此外，从不同的途径接触品牌也会给用户对品牌留下不同的印象，生成不同的品牌联想。如果企业能够让各种协调、互补的接触点链接成品牌联想，那么就可以在用户心中留下更深刻的印象。

例如，女鞋品牌诺贝达曾经举办了以"亮度1 000瓦的女人"为主题的品牌重塑活动。作为一个知名的意大利女鞋品牌，诺贝达以其标志性元素——水钻为品牌联想的出发点，将水钻可以"发光"的物理属性延伸到女性展现自我、发现闪光点上，与用户产生情感共鸣。诺贝达把这种延伸处理得天衣无缝，很好地打造了容易辨识的品牌资产。

品牌联想讲究由外而内，大多源自于企业对品牌自身及产品使用场景的挖掘。企业可以像诺贝达那样通过品牌重塑活动将自己的独特定位与用户内心的情感连接在一起，让"发光"的物理属性融于品牌。这样既能抵达人心，也不会过于牵强和突兀。因此，品牌是什么不重要，重要的是用户觉得品牌是什么。而营销的目的就是赋予用户一种正向的联想，让用户将联想与品牌联系在一起。

2.2.5 其他专有资产：商标 + 专利 + 渠道

除了上面提到的知名度、认知度等品牌资产以外，商标、专利、渠道等专有资产对企业也非常重要。

1. 商标

根据相关法律法规，企业可以将文字、图形、字母、数字、三维标志、颜色组合、声音等要素进行组合申请商标注册。服装行业的商标通常以组合商标为主。如果企业将由文字、图形、颜色等要素共同构成的具有显著特征的商标使用在服装上，那么用户会更容易辨识和记忆。对于服装行业的企业来说，与单一元素商标相比，组合商标具有无与伦比的优势。

为了维护自己的利益，企业应该正确、恰当地使用商标。首先，企业不要使用带有容易引起误导的商标，例如，将"丝绸""极品"等字样使用在商标上；其次，实际使用的商标与商标局核准注册的商标区别明显，将不视为商标使用，例如，在服装上印制变形的商标就是不合理的做法；最后，商标跨类别使用可能会侵犯其他企业的商标专用权，企业要谨慎识别自己的商标有没有达到驰名商标的程度，不要超越核准注册的范围。

此外，企业要掌握容易发生侵权的商标类型，主要包括以下几种：

（1）未经商标注册人许可，在服装上使用与权利人注册商标相同的商标的；

（2）未经商标注册人许可，在服装上使用与其注册商标近似的商标，或者在类似服装上使用与其注册商标相同或近似的商标，容易导致混淆的；

（3）伪造、擅自制造他人注册商标标识或者销售伪造、擅自制造的注册商标标识的；

（4）未经商标注册人同意，更换其注册商标并将该更换商标的服装又投入市场的。

企业不要侵犯其他企业的商标专用权。相应地，如果其他企业侵犯了自己的商标专用权，那么企业要通过法律武器制止和惩罚这种行为。

2. 专利

很多服装企业可能都有过这样的困惑：自己辛苦设计出来的款式被抄袭，衣服价格还很低。互联网如此发达的今天，抄袭对企业造成的损失极大，这就需要企业重视专利保护。例如，一件衣服的设计图纸可通过版权来获得保护。企业获得版权的方式有两种：自动获得和登记获得。这两种方式的差别主要在于前者没有版权号，后者则有版权号。

在有版权号的情况下，设计图纸一旦被侵权，那么企业在维权时可以提供有力证据，即版权证书。设计图纸虽然可以通过获得版权来保护，但根据设计图批量生产的成衣则不受保护。成衣作为一种产品，可通过申请外观专利来获得保护。

登记版权和申请外观专利是企业维护利益的方法，而实际情况却是抄袭成本低，即使企业有版权和外观专利，但由于维权成本高，往往也只能作罢。如果企业有网店，那么可以通过向电商平台投诉的方式进行维权，这种方式不需要成本，但产品必须有版权或者外观专利。电商平台在收到侵权投诉后，会立即采取强制禁止侵权产品销售的措施，同时发警告信。

考虑到成本要素，在预算有限的情况下，企业应该将经典款服装申请外观专利，而那些容易过时的服装则可以考虑为设计图纸登记版权。此外，对于一些有创意的装饰性元素，企业还可以考虑申请商标，让这个元素成为自己的标志。例如，英国知名品牌 Burberry（巴宝莉）的格纹设计专利就是其标志之一，如图 2-5 所示。

图 2-5　Burberry（巴宝莉）的格纹设计专利

通过申请专利，Burberry 对格纹设计专利的使用权多达 25 年。经过 25 年的积累，用户早就已经将这个专利与 Burberry 联系在一起，使其成为 Burberry 的重要特征。因此，企业如果研发了新布料或者新纺织方法，那么应及时申请专利。

3. 渠道

对于企业来说，比较简单的方法是打通渠道，借助各种渠道为品牌发声。久而久之，随着品牌的不断扩散，企业的知名度和影响力自然也可以得到提升。例如，企业可以花钱进行搜索引擎优化与媒体广告位购买、信息流广告投放、行业意见领袖软文通稿输出等。

总之，企业给渠道方多少钱，渠道方就可以为企业带来相应的曝光度。企业的曝光度上升，可以推动品牌的传播。对于新品牌而言，想不花钱把渠道打通是很难的。因此，企业要开拓市场，让品牌实现更广大范围的传播。

第 3 章

差异性定位：找准赛道，品牌才能脱颖而出

品牌定位是创建一个品牌的基础和核心，要想建立一个有知名度的品牌，必须有一个准确的品牌定位。虽然品牌定位是品牌战略的基础和核心，但是很多企业在品牌建设方面做得并不好。怎样规划品牌、怎样找到准确的品牌定位、怎样突出品牌价值等，都是企业品牌建设中要重点考虑的问题。

3.1　全面分析，提炼品牌差异化价值

现在的商业竞争环境中，产品同质化非常严重，一个服装品牌要想得到用户的青睐，需要具有自己的差异化价值，即你能为消费者提供别的品牌不具备的价值，并将这个价值传递给用户，在用户心中留下深刻印象。当用户需要这个价值时，就会联想到你的品牌，品牌才能在众多同质化的产品中脱颖而出。

3.1.1　分析竞品和自身品牌的优劣势，扬长避短

现如今市场中产品同质化严重，新产品想要打开通路，就需要打造差异化。如何打造产品差异化？在明确品牌定位之前，第一步工作是分析竞品和品牌自身的优劣势。如果产品只是简单地与竞品看齐，则很难撼动竞品的市场地位，因此就需要新产品有区别于竞品的卖点，通过分析竞品的价值定位，寻找竞品没有满足的市场需求。

差异化竞争是通过塑造企业产品、服务或品牌的差异来建立产品独特性的竞争方式，目的是提升消费者的使用感受，让其认为企业的产品或服务优于其他竞争企业。

无论企业是想用新设计，还是新概念塑造差异化，其最终目的还是为了更好地满足用户需求。所以，营造差异化，需要从用户需求入手，研究竞品没有满足用户的哪些需求，然后针对此调整产品，如图 3-1 所示。

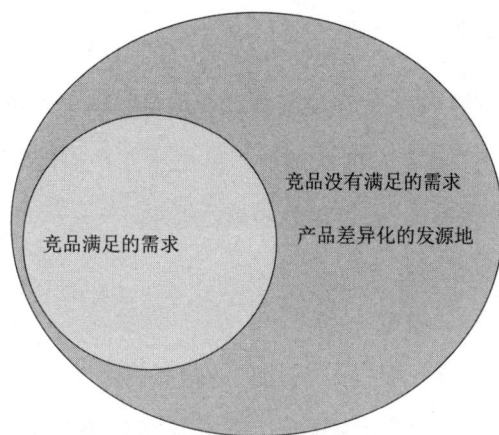

图 3-1　用户需求

3.1.2　探索未来发展趋势，把握客效

在互联网时代，服装行业发生着很大的变革，"90 后""00 后"作为新生的消费主力军，他们接收着来自各方面的信息，导致他们的消费观念、消费方式等发生变化。在对竞品和自身品牌的优劣势进行全面分析后，还需要对未来服装行业的发展走向和趋势进行探究，如果顺应趋势的价值，就是品牌所寻找的差异化价值。服装行业的发展趋势，如图 3-2 所示。

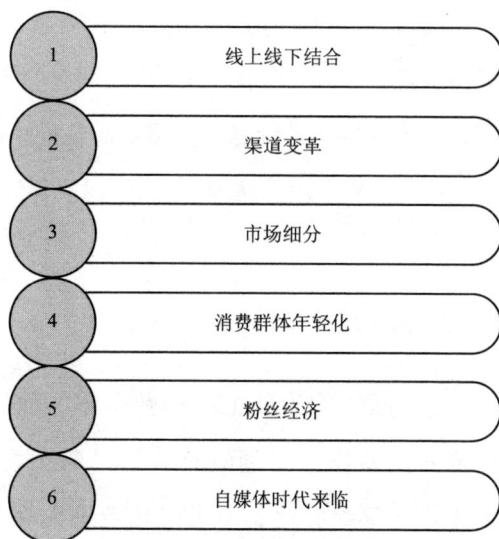

1　线上线下结合

2　渠道变革

3　市场细分

4　消费群体年轻化

5　粉丝经济

6　自媒体时代来临

图 3-2　服装行业发展趋势

1. 线上线下结合

"新零售"时代来临，未来的服装行业将会是线上线下结合的时代。人们的消费理念发生了改变，商家的"产品思维"也需要转变，转变成以用户为导向的"用户思维"，满足用户的消费需求。

2. 渠道变革

服装渠道发生变革，从工厂到用户的距离将会缩短，多品牌、全品类、一站式购物的集合店慢慢抢占市场，集合店可以满足多元化的购物需求，让购物更加便捷，这种体验感较强的生活方式集合店，在未来将拥有良好的发展趋势。

3. 市场细分

随着用户对时尚品位和个性化需求的不断提升，传统的服装要达到市场需求就要加入更多新元素，满足用户的个性化需求，为顾客提供更多选择，所以服装领域会进行细分。目前成长最快的细分领域是运动装和童装，"运动经济"带来了运动品牌的发展，国家开放"二胎"政策促进了"童装经济"的增长。

4. 消费群体年轻化

"90后"作为新生的消费群体，他们拥有个性鲜明的特征，敢于尝试新鲜的事物，对潮流有着自己的理解。例如，2017年一款综艺节目的走红，嘻哈文化、街头文化走进大众视野，催生了国内的嘻哈周边潮流生意。

所以，服装企业要及时地进行市场调研、数据分析，追踪用户的喜好，以便对自己的设计做出调整。

5. 粉丝经济

优衣库（大中华区）首席市场官曾强调，数字时代的粉丝经济就像是谈恋爱，首先要让消费者爱上品牌，一直很心动。

粉丝经济实际上就是为了使品牌和粉丝之间建立情感关联，隐藏产品功能，让粉丝感受到品牌的诚意，从而获得粉丝。

6. 自媒体时代来临

如今的服装市场，单纯依靠传统媒介渠道已经不足以引起用户的关注，网络带来的影响相比传统媒介要更有效果，更适合攻略年轻受众。很多用户会听从高影响力的某些意见领袖的建议，选择购买一件产品。

而对于服装行业，品牌其实也可以成为自媒体，与用户积极进行互动，为产品宣传，提升用户的信任感、忠诚度等。

3.1.3　关注消费者行为变化，发现新的需求

产品的核心理念是满足用户的需求，但用户的需求不会一成不变。随着时间和条件的变化，用户会对某种产品产生新的需求。因此，在寻求差异化定位时，可以通过关注用户的行为变化，分析用户的认知，来发现新的空白的需求，然后以这种需求为自己的差异化价值。

首先，从理性消费转变为感性消费。在新媒体的环境下，用户可以随时表达自己的需求，通过网络寻找与自己相似的人或物，或是有着相似经历、情感体验等。用户也越来越重视与产品之间的关联，希望能够与之产生共鸣。例如，复古文化的兴起，让很多品牌看到机会，推出复古风格的服装，掀起一场怀旧热潮。

其次，用户的需求转变为情感需求。用户在选择产品时不仅仅考虑产

品功能，更加重视情感需求的满足，这是传统媒介渠道无法带给用户的体验。品牌想要打造出差异化价值，就要真正走入用户的内心，从他们的角度出发，了解用户的心理，掌握他们的情感需求。例如，随着人们环保意识的逐渐提高，用户对于服装的要求不局限于传统功能，而是更关心服装面料是否安全、舒适，并开始关注服装的生态环保指数。

如果品牌能够及时发现用户的转变，深入剖析原因，以此为基础做出相应的调整，就会形成品牌的差异化价值。

3.2　瞄准细分领域，明确品牌定位

品牌应当本着将品牌做专、做精的原则，专注某项细分市场，形成特色文化。另外，需要运用价格差异，抓住消费者的不同需求，对市场进行再分割，切忌盲目追求大而全。品牌还要明确自己的市场定位，研究其他竞争者的同质化产品，从而细分自己的产品。

在长尾理论的支持下，产品品类越是细分，利润空间就会越广阔，才能摆脱互联网时代电商杀价和更迭的恶性竞争。

3.2.1　三大品类领域：男装品牌 + 女装品牌 + 童装品牌

服装企业在明确品牌定位的过程中，品类是很关键的一个角度，品类分析是既常规且重要的一种分析角度，目前服装市场的产品分为三大品类，如图 3-3 所示。

图 3-3　服装三大品类

1. 男装品牌

目前男装的红海市场（已知的市场空间）主要的服装是男正装和休闲量贩装，这些品牌大多数是人们熟悉的品牌，市场占有率较大，但是设计上同质化严重，已没有太大的发展空间。

蓝海市场（崭新的市场领域）主要是时尚男装市场，该市场占有率虽然小，但是有着很大的发展空间，随着越来越多的人们开始关注和追求时尚，该市场能够紧跟国际服装发展趋势，发展前景广阔。

随着奥运风流行起来，运动装和商务休闲装成为消费主流，这类的男装品牌在国内发展势头迅猛。

2. 女装品牌

随着女性对女装需求的提高，女装市场的规模在不断扩大。根据智研咨询发布的《2021—2027 年中国女装行业发展动态分析及发展前景预测报告》数据显示，2019 年中国女装市场规模为 10 372 亿元，同比增长 6.5%。

女装是中国服装市场比较重要的一个品类，虽然女性用户的个性化需求让女装市场较为分散，但整体占据了服装市场的半壁江山。

3. 童装品牌

随着儿童成为家庭的关注重心，他们的穿着打扮也越来越受到重视，带来的结果就是童装产业的发展。与成人的服装相比，童装的时尚要求更低一些，对于服装功能要求反而更高，用户则更加看重企业规模。

3.2.2　聚焦某一服装风格：爱运动，中国有安踏

经过30年左右的磨砺，安踏已经成为中国知名运动品牌，其背后是安踏一直以来对产品品质的要求，也是安踏对品牌理念的不断升级与突破，安踏坚定地聚焦体育用品产业，鼓励大众参与体育运动，更深刻地诠释了安踏"永不止步"的品牌理念。

要问2021年的夏天什么话题最热门，莫过于几乎全民关注的东京奥运会。在奥运会的赛场上，中国的奥运健儿们取得了优异的成绩。而安踏作为中国奥委会的官方合作伙伴，已累计为28支国家队提供运动装备。

奥运这个IP的价值不言而喻，而在奥运期间，安踏携手总台创新奥运营销，在央视的赋能下，品牌认知度有一定程度的提升。在此期间，安踏多次登上微博热搜，"爱运动中国有安踏""安踏科技助力中国奥运"这两个主话题获得了近16亿的阅读量。

根据"数字品牌榜"发布的"奥运品牌心智占有率"市场调研结果显示，安踏以超40%的心智占有率领先于其他运动品牌。

东京奥运会期间，安踏邀请设计师打造出"冠军龙服"作为领奖服，还设计出其他具有科技含量的运动装备，引起广大用户的讨论，其"爱运动，中国有安踏"的品牌理念也再一次掀起热潮。

针对奥运官方赞助商的安踏，总台突破了广告形式，开发了赛事压屏广告作为安踏的独家曝光位。在赛场广告的基础上，进一步加大品牌曝光度，并与奥运精彩场面相结合，通过这一独特的传播方式，将"爱运动，中国有安踏"这一核心理念深深地印入每一位用户的心中。

除此之外，安踏还在央视频客户端等新媒体平台投放了奥运 Tab 页信息流广告、滚动图等，通过大屏与小屏互动，电视广告与新媒体广告相结合的方式全方位扩大了"爱运动，中国有安踏的"的品牌理念。多次冲上微博热搜的广告语及其他相关话题，让安踏的品牌价值得到进一步提升，如图 3-4 所示。

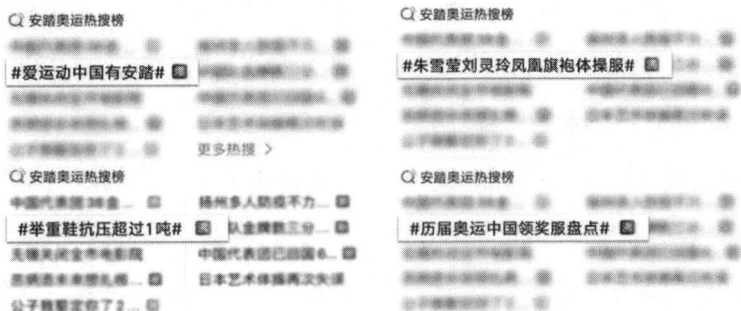

图 3-4　微博热搜的安踏词条

如今的安踏是中国比较知名的运动品牌，在奥运等体育 IP 的持续赋能下，未来的安踏将会走向国际，向世界展示中国运动品牌的魅力。

3.2.3　聚焦某一场景：九牧王，商业男装领导者

作为中国商业男装的领导者，九牧王素有"男裤专家"的称号。随着经济社会的发展和精英男士消费观念的升级，"明星代言 + 央视广告"的传统模式随之改变，广告出现了向多元传播、重视用户管理、丰富品牌内涵等方面的营销趋势。从创业伊始，九牧王坚持走的就是品质之路，将品类核心投入专业的细分领域，致力于打造中国商务男装品牌。

2012 年，九牧王采用了三个营销策略，这一举动受到了行业、媒体的广泛关注。第一，在保持电视广告的基础上，与航美传媒集团合作，将广告覆盖到中国一、二线城市的国际机场；第二，开启了精工艺术之旅，每

一位购买过九牧王的用户都可参与，每期邀请近 200 名嘉宾参观泉州总部制造中心，见证精美服装的诞生；第三，启动首届"优雅绅士"形象大使评选活动，通过寻找用户作为形象代言人，推动"中国男人向中国绅士转变"。

这三个营销策略提升了九牧王的品牌曝光度，尤其是"优雅绅仕"评选活动，更是掀起了一场"优雅风暴"，引起了中国男士关于优雅着装、西方绅士精神与社交穿着礼仪的全方位思考，九牧王联合搜狐网让更多男士了解"优雅绅仕"的着装理念。

九牧王男装认为"+ 沉着""− 沉闷""× 温柔""÷ 冷漠"是"优雅绅仕"的定义，大衣和单件西服搭配在一起，更能够体现男人的优雅风范。所以九牧王在服装设计上也遵循这一定义，以独特的设计增添沉着，以精巧的搭配减去沉闷，以合体的剪裁呈现温柔，以精致的面料去除冷漠。在风格上，九牧王延续经典、注重细节和追求得体。讲究品质、做工精细的九牧王，用优雅男装助力精英男士的品位生活。

3.3 打造差异性标签，突出品牌独特性

无论在何种情况下，产品模式都很容易被模仿，难以被超越的往往是差异性标签。一旦品牌拥有了这样的标签，任何企业都无法复制。因此，企业要明确消费者需求，利用差异化定位抢占消费者心理，让自己获得更好的发展。

3.3.1　以设计打造差异性，塑造原创服装品牌

2012 年，知名设计师李薇创立了服装品牌 Awaylee，用唯美、浪漫的意境为消费者打造新鲜感。Awaylee 凭借自己特有的"仙"风气质和"纯真、浪漫、时髦"的设计风格，获得了很多时尚爱好者的支持和认可，也深受时尚界和娱乐圈明星的欢迎。

Awaylee 一直致力于帮助女性消费者关注美、表达美，其服装设计都与美学相结合，希望让更多人感知服装之美。例如，Awaylee 曾经使用大量法式宫廷元素，将服装设计得精致而华丽，让穿上服装的人就如同像温室中的花朵，持久弥香。

2021 年 4 月，升级后的 Awaylee 在上海时尚订货会的现场亮相，新一季 Awaylee 的服装设计将创意方向放在回归本土方面。此外，该品牌以挖掘传统文化底蕴为核心，大力弘扬民族色彩，从而升级品牌文化与产品内核。

消费者需求在持续更新迭代。年轻消费者的消费方式和审美标准不断发生变化，呈现多元化的发展趋势。而中年消费者则更追求服装的品质和细节，对品牌的选择也更理性。Awaylee 给年轻消费者创造了想要穿着设计时尚、外观靓丽服装的欲望，充分满足了他们的需求，未来很有可能会长久地发展下去，受到更多关注。

3.3.2　以工艺打造差异性，打造纯手工服装品牌

设计师津吉学（Gaku Tsuyoshi）曾经在日本创办了牛仔品牌 FDMTL（Fundamental Agreement Luxury），服装风格低调又统一，而且全部是纯手工打造，以蓝染工艺和传统拼接手法为基调，自成一派。其服装放眼望去就好像深深浅浅、令人赏心悦目的蓝色"海洋"。

FDMTL 与 Vans 推出的联名款产品蓝染拼布 Slip-On 更是广受欢迎，引

发一片叫好之声，如图 3-5 所示。FDMTL 走的是美式复古风格，融入了大量传统工艺，版型以直筒 "original" 和稍窄的 "heritage" 为主，具有一定观赏性，而且没有突兀、稚气的感觉，既自然又美观。

图 3-5　FDMTL 与 Vans 推出的联名款产品

不论是牛仔裤还是牛仔外套，FDMTL 都坚持手工制作，营造层次丰富、细节精致的优势。该品牌的做旧工艺虽然繁杂，但不会让牛仔布料变得脆弱，依然可以扛住生活的考验。可以说，FDMTL 打造的手工艺服装兼具素雅、华丽的艺术品效果，甚至可以发挥重工刺绣般的装饰效果。这些服装不会过于抢眼，可以胜任各种场合，非常有优势。

3.3.3　以服务打造差异性：私人定制 + 售后服务

在通过服务打造差异化方面，T 社是一个不得不提的服装品牌。该品牌的成立时间是 2015 年，坐落于厦门，至今已经为海量团队提供了私人定制的 T 恤、卫衣、Polo 衫、周边产品（帆布包、棒球帽）等，且大受好评，如图 3-6 所示。

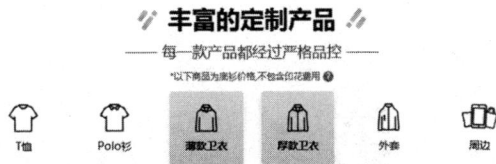

图 3-6　T 社的私人定制产品种类

截至目前，T 社的客户囊括诸多领域，甚至还有腾讯、中国银联、百度、海尔、抖音等知名企业。这些企业累计在 T 社定制了上百万件产品。自成立以来，T 社一直坚持"诚信为本、多道把关、用心做好每一件产品"的宗旨，希望通过优质服装回馈客户。

T 社从原料采购、产品出入库到发货等环节，坚持多道品检、层层把控、严格要求。该品牌为了实现更高质量的私人定制，坚持做精细化印刷，确保印花平滑、不脱落。而且，其服装工艺十分齐全，可以满足客户对定制图案的各类需求。

T 社有丰富资源和专业设备，坚持以"互联网 +"思维为客户提供服务，从源头把控品质，自研生产系统和信息化管理系统，为每位客户统一贴心服务。T 社还有海量插画师与设计师资源，可以为客户提供专业的设计服务。客户只要说出自己的创意和想法，T 社就可以为他们提供贴心的全优私人定制方案，满足他们的一切个性化需求。

第 4 章

品牌故事：讲好品牌故事，
让品牌熠熠发光

一个好的品牌故事会为这个品牌起到良好的宣传作用，品牌故事可以让用户记忆深刻。因为故事最容易被人们记住、互相传播、相互影响进而产生情感上的共鸣，在产品众多的年代，是体现自己与其他品牌不同的一种工具，所以要树立品牌的个性，不断满足用户的需求。

4.1　设计一个打动人心的品牌故事

很早之前，市场营销界就总结出：比起文案本身，故事更能吸引人的注意力，更容易被记住并潜移默化地影响用户的观念、意识形态及行为习惯。最重要的是，故事比事实更容易传播。好的品牌故事要具有三要素：好结构、好内容、好修订。如何才能让自由发挥的故事变得有迹可循呢？掌握好以下几点，就能轻松地设计出一个打动人心的故事。

4.1.1　好故事需要好结构：巧用 SCQA 模型设计故事结构

麦肯锡咨询顾问芭芭拉·明托在《金字塔原理》这本书中，提出了一个"结构化表达"工具：SCQA 模型。

"今年过节不收礼，收礼只收脑白金"，相信大家对这句经典的广告语都不陌生，这句广告语加上欢乐的唱腔和有趣的动画，虽时隔已久，但依然记忆犹新。这句广告语的奇妙之处，就是运用了"SCQA 模型"。

SCQA 是四个英文单词的缩写：

S（Situation）情景或场景：这个时代需要有场景、有代入感的文案，先描述一个大家都可能遇到过的情形或者一个经常在我们身边发生的场景，这种代入方法就会显得自然而不生硬。

C（Complication）冲突或矛盾：电影中要想塑造一个英雄，就必须先有一个反派，如果没有反派的衬托，那么英雄的形象就没有办法立起来。只有产生了冲突，才能让故事直击人心，也才能够顺理成章引出后面的内容。

Q（Question）问题或疑惑：通过情景的代入和矛盾的发生，这时候直接把受众的痛点抛出来，让对方产生怀疑，到底该怎么办呢？

A（Answer）解答或答案：这时候就是营销卖点了，前面的一切铺垫都是为了介绍产品，用你的卖点直接给出解决方案，让用户深信不疑。

用脑白金的广告语来套入 SCQA 模型。

背景（Situation）：今年过节。

冲突（Complication）：过节不收礼。

问题（Question）：过节不收礼怎么办。

答案（Answer）：只收脑白金。

用一句话来概括就是：在一个背景（S）下发生了冲突或挑战（C），从而引出的问题（Q）和解决方案（A）。

那么，该如何灵活运用 SCQA 架构？

虽然这个架构叫 SCQA，但它还可以是 SCA（背景—冲突—答案）、ASC（答案—背景—冲突）、CSA（冲突—背景—答案）、QSCA（问题—背景—冲突—答案）等其他形式。

1. ASC 架构（答案—背景—冲突），直接开门见山

以汇报工作为例。

抛出答案：孙经理，我今天想报告的是：我希望对于加盟商的奖励制度可以从按年拿奖励修改为按季度拿奖励。

交代背景：公司创始以来，加盟商一直都很支持，员工们也一直兢兢业业、努力工作。

设置冲突：但是，现在公司业务快速发展，业务量增多，如果不能及时激励加盟商，可能会影响我们的合作关系。

2. CSA 架构（冲突—背景—答案），**强调冲突，诱发对背景及答案的关注**

以洗衣店为例。

设置冲突：你这个衣服染色有点严重。（引起你的担忧）

交代背景：不过刚刚研制出一种新型洗涤剂。（看到希望）

抛出答案：就是价格有点贵。（能处理干净就好）

3. QSCA 架构（问题—背景—冲突—答案）

以保护自然为例。

提出问题：现在对于人类来说最大的威胁是什么？

交代背景：科技发展迅速，忽略了对于大自然的保护，全球变暖正在发生。

设置冲突：我们享受着科技带来的快感，也在无形中给大自然带来一些伤害。

抛出答案：所以，我们最大的威胁——大自然是我们的生存环境，我们要保护大自然。

当我们灵活运用了 SCQA 结构后，就完成了设计品牌故事的第一步。有了好的框架还不够，框架搭建完成，但是其中的主体内容还有待填充，这时需要我们用故事把框架填满。

4.1.2　好故事需要好内容：背景 + 情节 + 人物

企业要讲好一个品牌故事，必须认真考虑故事的各个要素，并针对各个要素的细节进行优化和完善。好故事一定要能够使用户产生共鸣。企业可以通过一个好故事将产品和品牌传递给用户，这需要其想方设法与用户产生共鸣。

那么，什么样的故事能够使用户产生共鸣呢？那一定是内容齐全的故事，如图 4–1 所示。

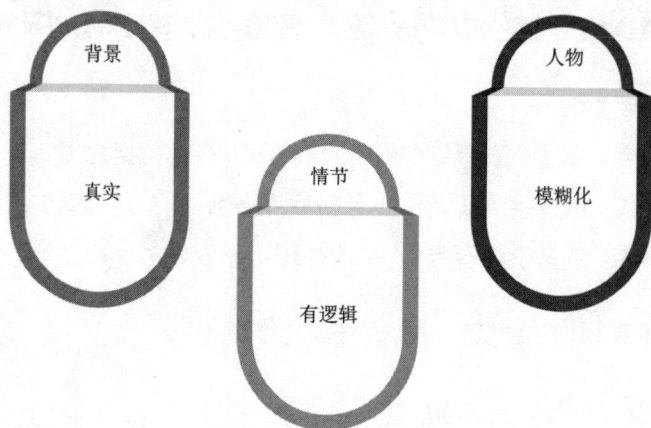

图 4-1　故事三要素

1. 背景：真实

企业需要将故事的背景尽可能地放置在真实、随时可见的场景中，使故事发生的环境描述更贴近用户的生活，让用户感受到故事是真实的，是与生活息息相关的。例如，Happysocks（一个袜子品牌）的故事以"把生活中的平凡物品变成快乐艺术品"为主旨，让广大用户知道，它为什么要做这个品牌，从而对这个品牌产生好感。

2. 情节：有逻辑

既然是为品牌讲故事，那么故事的情节就应该展示品牌的核心价值，而且还要有较强的逻辑性。企业可以基于以下 6 个问题设计情节，突出其逻辑性。

（1）这是一个什么样的品牌？

（2）品牌的竞争力在哪里？

（3）创始人为什么要打造这个品牌？

（4）创始人的优势是什么？

（5）企业可以为用户提供什么产品 / 服务？

（6）现在企业已经做出了什么样的成绩？

通过企业对这些问题的解答，用户可以评估品牌的专业能力，以及产品 / 服务是否与自己的需求匹配。还有更重要的是，用户可以判断自己是否认同品牌的价值观和个性。当发现产品 / 服务、品牌的价值观与个性都特别符合自己的需求时，用户对品牌的好感度会进一步提升。所以，企业要在故事中融入重要信息，更好地帮助用户做出消费决策。

3. 人物：模糊化

企业在讲述故事时需要将人物模糊化，即尽量别把人物的能力、性格描述得太过详细。对于企业来说，将人物描述得具象虽然能够使其形象更鲜明、真实，但可能会使没有经历过这些事情的用户难以产生共情心理，从而削弱故事的亲切感与代入感。

很多企业注意到这一点，在讲创始人的故事时会模糊创始人的性格和专业技术能力，而着重讲述创始人不折不挠努力奋斗的成功经历。这样更能够让用户产生代入感，对创始人心生敬佩，从而有利于故事的传播和品牌的推广。

4. 情节借鉴性

大多数故事并不是独一无二的，它们可能拥有相似的情节，这些情节大多是借鉴了普通人身边发生的事情。这也是为什么大多数公司的故事看起来都很相似。企业借鉴生活中某些事情发生的情节，把它们化用到故事中去，不仅能使故事情节更具有可看性，也更能让故事受众产生共鸣。

能够让用户产生共鸣的故事是好故事。企业要从背景、情节、人物等方面对故事进行组织和打磨，让故事能够更好地吸引用户，促进品牌形象的树立和传播。这样也有利于用户熟知并记忆品牌，让用户成为故事的传播者，进一步扩大品牌的影响力。

4.1.3　好故事需要好修订，让品牌故事趋于完美

上学时语文老师总是强调："好文章都是改出来的。"品牌故事也是如此，一个逻辑流畅、寓意深刻的品牌故事不是一步到位的，而是通过反复修改形成的。当故事的主体完成后，我们还要对故事进行修订，让故事的内容更加饱满，趋于完美，而品牌故事的修订则来源于内容的延伸。

那么，品牌故事的延伸层分为什么呢？

我们将它分为6点，分别是产品系列介绍，特色服务或品牌活动介绍，专利技术介绍，团队风采展示，与品牌定位相关的资讯，品牌发展规划。

1. 产品系列介绍

如果是自有品牌，可以设一个专门的页面集中展示产品。重点介绍的不是衣服的款式、面料，而是阐述产品的特色、设计理念。

让用户更明白这个品牌所秉持的理念和追求的个性，帮助他们自我匹配需求。

2. 特色服务或品牌活动介绍

这是最能把你和其他品牌区分开的关键点，品牌设置一个长期的、有趣的活动，通过用户不断参与，去提升在用户心中的记忆点。

比如，某品牌的"照相馆"栏目。他们推出拍摄素人模特的活动，所以在这个栏目里展示的照片都是路人照、买家秀，还会有摄影师的身影一不小心出镜，并且拍的照片都很自然，所以会让人觉得很有趣、印象深刻，进而使得这个品牌也会被记住。

3. 专利技术介绍

如果你的品牌主打功能性产品，或者有自己独特的面料，一定要把这

些技术展示出来，让用户知道品牌的特点。

例如，顶级户外品牌 Patagonia（巴塔哥尼亚），该品牌设置了一个面料频道，其中列出了 20 种以上的专利面料。

哪怕你是一个新创立的品牌，也需要去展示，去让用户了解产品功能，所以要尽可能地去寻找面料、工艺等一些技术元素。

4. 团队风采展示

创始人和团队都是品牌理念和个性的代言人，上面在主体故事部分已经介绍过创始人，现在我们延伸到团队。

有的品牌喜欢给高管照艺术照，统一的角度、姿势、表情。这样可能会给人一种疏离感，我们可以试着与用户亲密一些，拉近与用户之间的距离，也可以试试写团队日记。例如，某服饰订阅品牌推出的小栏目，去采访各个岗位员工一天的工作和他们的想法。

5. 与品牌定位相关的资讯

如果你的品牌主打运动，就介绍运动相关的知识。如果你的品牌主打中国风，就多介绍一下中国的古典文化。如果你的品牌主打环保，就介绍时尚对环境的影响。

6. 品牌发展规划

品牌的成长是一个不断发展的过程，在用品牌故事表达时也要为未来的品牌定位作好铺垫，让其成为一个有生命力、有活力的品牌。

有的人会问：为什么写完品牌的主体故事后还要写延伸呢？

作用 1：为了让故事更加可信。

因为品牌故事都是由品牌来写的，只是品牌单方面的说法、宣誓，因此需要有他人的语言来证实。

作用 2：为了用户进一步的探索。

如果你的故事很生动、逼真、令人感动，那么一定会引起用户好奇心，希望继续了解品牌。这时我们就要满足用户的需求，引导他们看到适当的内容，从而加深品牌印象。

作用 3：从展示的方式来说：主体故事层，包含的是图片和文字的描述，比较简洁利落。而延伸层，可以是多媒体形式，内容丰富，视觉上也更加精彩，还可以不断更新。适合用户有针对性地去探索。

延伸层的内容可以不用和主题故事放在一起，可以是单独的一个栏目，但是注意一定要放在明显的位置让用户能够方便看到。

4.2　选择适合自己的品牌类型

品牌根据自身定位选择故事的大致方向，通过讲故事能够将产品简介中没有说清楚的理念、主张等传达给用户，继而准确地捕捉用户的心理需求，最后让用户基于情感偏好而下单。很多顾客在走进门店之前就已经做出了选择，不是因为产品而选择了品牌，而是因为品牌而选择了产品，这就是品牌故事的作用。

4.2.1　以品牌创始人为主题讲述品牌故事

李宁这个国货品牌相信大家一定不陌生，尤其是近几年掀起的"国潮风"，更是提升了李宁的知名度，同时打开了更加广阔的市场，李宁公司由李宁先生在 1990 年创立，创始人李宁在中国无疑是一个家喻户晓的传奇人物，他在世界体操史上创造了一段佳话，先后摘取 14 项世界冠军，共赢得一百多枚金牌。

作为一名运动员，李宁以其独特的魅力获得"体操王子"的称号。而在退役之后，李宁决定投身商业，创立了属于中国的民族体育品牌，以自己名字命名的品牌"李宁"。

对于一家运动服装品牌公司来说，李宁本身的独特背景和经历让李宁品牌有了一个重要的无形资产，这也是李宁品牌能够成为国内比较具有辨识度和鲜明度的运动服饰品牌的原因。2004 年 6 月，李宁公司成功在香港上市。

经过三十多年的研究、探索，不断前行，目前的李宁已成为中国知名度比较高的一个体育品牌，市场的占有率也比较高。

李宁品牌以"一切皆有可能"作为品牌口号，是较早赞助中国亚运、奥运体育代表团，较早出现在美国 NBA 赛场，较早赞助国外运动队的中国体育品牌，这也代表中国的体育用品行业的发展进入一个全新阶段。李宁品牌以"运动燃烧热情"为使命，致力于创造专业的体育用品，追求着更高境界的突破，努力让运动改变生活，让运动成就未来。在李宁品牌的发展历程中始终贯穿着"一切皆有可能"的品牌精神。

今天的李宁公司，已经不仅仅是一家体育用品公司，而是在向大众传播一种健康的生活方式，它是引导者也是推动者。退役后的李宁在事业中不断挑战自我、寻求突破，李宁的拼搏精神既是他的体育精神也是品牌所遵循的理念。李宁品牌一直以来秉承的就是"赢得梦想""用户导向""我们文化""突破"的核心理念和追求，而李宁也在努力成为具有时尚性的国际专业运动品牌。

4.2.2　以神话传说为主题讲述品牌故事

品牌故事不光只局限于现实生活，品牌创始人的自身经历，还可以联想到古代神话故事，中国古代就有女娲补天、嫦娥奔月等美好、浪漫的神话传说，而达芙妮以一则希腊神话故事让用户对其好感倍增。

达芙妮的品牌宣言为"我不卖鞋，我参与一场华丽的戏"。其品牌主题为"我希望每一个踏入达芙妮的女人，都像是谈了一场恋爱，体验一场华丽的戏，甚至找到真正的自己，所以无论今日女孩或是明日女人，自信的女人都会在达芙妮的引领下——心生感动。"

这段文本，既体现出达芙妮为用户营造出一个梦想品牌的核心理念，也表达了达芙妮对品牌的根本定位。因此在网络上，甚至有用户称达芙妮是"为用户造梦"的鞋，并得到了大家的一致认同。达芙妮为用户造梦的想法来源于一则希腊神话故事：

我是达芙妮，是河神的女儿，一个自然坦率自主的女生，因为爱好打猎，我时常在森林里自由穿梭。有一天打猎时，我遇见了太阳神阿波罗。他因为爱神的戏弄深深地爱上了我，由此闯入了我的世界。而我并不爱阿波罗，我只能逃。

于是一场追逐游戏就开始了。我逃到河边，眼看着自己快被阿波罗追上时，大声向父亲河神求救，于是河神父亲把我变成了一株月桂树。等他追上我的时候，我已成了河岸旁姿影婉约的月桂树，阿波罗轻拥着月桂树道歉并伤心地着："你将成为我的树，以后我的胜利将成为你的专利，我将用你的枝叶编织成胜利的花冠，用你的树枝做竖琴，用你的花朵装饰弓箭，让你青春永驻，不必担心衰老。我要将你和那些胜利的人们归属在一起！"

如今，月桂树成为奥林匹克运动会上胜利的象征。月桂树属于常绿乔木，希腊人相信这是因为受到阿波罗的金口御封。月桂冠是由爱情编织而成，达芙妮象征黎明，阿波罗追逐达芙妮正如太阳追逐着黎明，和对爱亘古不变的追逐。

通过这则神话故事将达芙妮"为用户造梦"的核心理念展现得淋漓尽致，更是给达芙妮这个品牌名称增添了一抹神秘的色彩，让用户对于品牌有了更深刻的印象。故事中勇敢执着、坚信纯真完美的河神女儿达芙妮是一个独立、勇敢、执着、纯真、有主见的女孩，符合现在女性用户所希冀的女性形象，因此，这则以独立女性精神为主题的品牌故事让用户为之向往，一些用户因为喜欢达芙妮的这则神话故事而喜欢此品牌。

4.2.3　以品牌主张为主题讲述品牌故事

有的品牌则不单单以自身故事或者神话故事来代入品牌形象，而是以品牌主张、核心理念为切入点介绍品牌文化。

传纯的设计师何山流一在其 16 岁时开始进驻服装行业，拥有丰富的服装行业经验。传纯的前身叫 CC（chuanchun），但无论名称如何变化，用户认可的都是何山流一这个设计师，而不在乎服装品牌的名字。

何山流一的作品整体剪裁细致、色调纯净自然，从不盲目跟从流行但始终走在时尚的路上，运用的大多是典雅、中性色的布料，展现出了一种简洁、大气的时尚风貌，这也是传纯的设计哲学。

传纯的成功是因为设计师何山流一的作品中透露出传承清纯的主张思想，随处都能让你感受到传纯的色彩空间和时尚之风，这也是他对"清纯优雅，长寿永存"的表达。他所打造的传纯品牌，代表的是一种思想，一种学者不断追求自身清纯本色的独特思想。

而这个品牌服饰的材料也多使用一些纯天然的舒适面料，如面、麻、毛、丝、皮等，不同质地面料的搭配，再加上剪裁得体的设计、简洁流畅的线条，是设计师河山流一一直在追求的清纯理念——可以与自然相生相融，而在设置服装的款式时，何山流一强调的是单品之间可以随意搭配，不受拘束。

传纯的设计定位受到了使用这种生活方式或者崇尚这种生活方式的女性的宠爱和追捧。

4.2.4　以产品功能特点为主题讲述品牌故事

讲述品牌故事除了以品牌创始人、神话传说、品牌主张为主题，还可以从衣服本身出发，讲述产品功能，这样可以给注重功能性的用户提供了极大的便利。

风谜网络科技有限公司的创始人李博，专注于户外运动服装研发，涉及夜跑服、暴风衣、户外运动包等产品，一经上线，受到众多年轻人的喜爱。

说起暴风衣的故事，要先从创始人李博说起，他在创立风谜科技之前从事的是众筹服务工作，众筹的产品类型众多，包括智能产品、文创产品、服饰产品等多个类别。偶然的一次机会，他在国外众筹平台上关注到了一款白衬衫，这件衣服是现在的上班族必不可少的一件衣服，但它的缺点就是容易产生污垢、不易清洗等。这点激起了李博的兴趣，他想寻找一种手段，能够完美地解决这些缺点的技术手段。

李博便从面料下手，亲自寻找能够达到这种目的的技术。在他的不懈努力下，终于找到了能克服以上这些缺点的新技术，并将之应用到衣服上。这款白衬衫上线仅一个月，便售出 7 000 多件，受到了用户的广泛关注。

白衬衫上线后，李博就思考了一个问题，服装的作用到底是什么？仅仅为了美观、时尚、保暖？他认为服装应该在不同的场景有不同的功能，于是便产生了定制功能服装的想法，并创立了自己的公司——风谜网络科技有限公司，专注于户外运动服装定制。

简单的一句话就是："找专业的人做专业的事儿。"

风谜科技从产品功能出发，打造了属于自己的功能性服装品牌。除了暴风衣之外，风谜科技还开发了更多不同的户外运动装备，如暴风衣的面料特点是防水、环保、抗风、抗寒、时尚，夜跑服在夜晚能够发光、透气，城市通勤包的特点是能够防水、透气、简约、时尚等，图 4-2 是风谜科技的夜跑服。

图 4-2　风谜科技夜跑服

第 5 章

品牌认知：让受众快速记住你的品牌

品牌营销的目标是在用户的心中占据一个字眼，这个字眼就是语言钉。但是只用语言钉不一定能够快速地占据用户心智，还要学会运用视觉锤，视觉锤服务于语言钉，通过视觉锤反复捶打将这枚"钉子"钉进用户的心中才是目的。视觉锤是帮助语言钉进入用户内心的工具，其为品牌创造的可视度远超过文字的范围。视觉锤和语言钉的有效结合，可以帮助企业建立品牌印象，促进品牌传播。

5.1 语言钉：以声音提高品牌认知

语言钉作为企业整合形象的一个重要符号，承担着沟通企业和用户的重担。好的语言钉能够让品牌在激烈的竞争中脱颖而出，给用户留下深刻印象，进而使用户产生购买欲望。服装企业通常非常重视品牌，更应该关注语言钉的设计与应用，使用户能够产生了解产品的兴趣，用"声音"占据用户的心智。

5.1.1 传递品牌定位：李宁，一切皆有可能

语言钉应当准确表达品牌定位，如李宁的"一切皆有可能"体现了一种积极、勇敢、乐观的理念，非常符合年轻用户的想法，与其目标群体的定位非常匹配。企业从用户的需求和特征出发，为品牌定位，语言钉则要演绎这种定位，向用户传递品牌的独特价值和关键信息，让品牌进入用户内心，激发用户对产品的兴趣。

在分析企业用语言钉表达品牌定位的方法前，首先要知道如何才能准确地挖掘品牌定位。品牌定位的着眼点是扩大和宣传品牌。目前市场上产品同质化现象比较严重，用户很难通过简单的识别在同类产品中区分优劣，更无法分辨两个不同的品牌有哪些差异。

因此，企业间的竞争归根结底是品牌认知度和认可度的竞争，即谁先

在用户心中树立了品牌形象，谁就能更早拥有更多用户。一般来说，企业可以通过以下几种定位方法树立品牌定位，用语言钉传递定位信息，如图 5-1 所示。

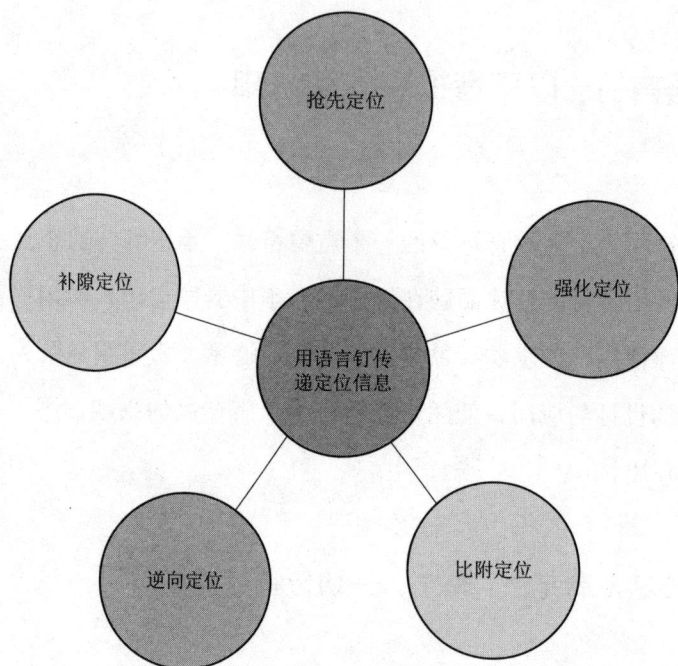

图 5-1   用语言钉传递定位信息的技巧

1. 抢先定位

抢先定位是指企业为让自己的产品及品牌第一个进入用户心中，抢占市场第一的位置，以此设置语言钉进行品牌定位。例如，鸿星尔克的"TO BE No.1"（迈向第一）就体现了一种敢为天下先的决心和勇争第一的胆识和魄力。

2. 强化定位

强化定位是指企业即使已成为同类产品市场上的领导者，依然不断强化自己在用户心中的形象，以此确保自己的品牌和产品可以长期处于第一的地位。其要点就是利用语言钉不断加强品牌在用户心中的印象，不给竞争者可乘之机。

3. 比附定位

比附定位是指企业不仅将自己定位准确，还为竞争者进行了精准定位，用对比的方式建立自己和竞争者之间的关系，突出自己的优势和特点，使自己在用户心中占据一席之地。在比附定位中，参照对象的选择是一个非常重要的问题。一般来说，企业只有与知名高、影响力大、形象好的品牌作对比，才有利于借势抬高自己的身价。

4. 逆向定位

逆向定位是指企业因为要面对强大竞争对手，索性将自己树立为"非同类"的形象，从而远离与竞争对手之间的竞争，以独特的面貌赢得用户的心。例如，某服装品牌打出了"专为微胖女性而生"的口号，将自己与其他品牌区分开来，深深地打动了对身材不是很满意的用户，抓住了她们的需求。

5. 补隙定位

补隙定位是指企业根据自己的特点，寻找市场上同类产品在用户心中未占领的空间，找到空隙，在某种程度上开辟独特的市场，减少竞争者，提升独特性。

成功的定位策略一旦被语言钉精准表达，企业就可以在激烈的竞争中占有一席之地，具备其他竞争对手鲜有的优势，使品牌在用户心中占据独特的位置。

5.1.2　体现产品或服务特色：恒源祥，羊羊羊

"语言钉"是指代表品牌观点、价值、个性的词语。比如"怕上火喝王老吉""今年过年不收礼，收礼只收脑白金"等。语言钉可以准确地体现产品特色，如恒源祥的"恒源祥，羊羊羊"体现了恒源祥在材质上的特点，也代表了企业的追求与承诺，符合品牌本身。"羊羊羊"不仅能让人联想到羊和羊毛，而且在上海话里"羊"的发音有财运旺盛的意思，戳中用户的购物心理，读起来也朗朗上口。

语言钉就是用一句话，将产品的个性全部展示出来，形成自己的标签。当然，其内容的设计，要精心打磨，不能是空洞的话，而是有针对性、有说服力、有逻辑性的语言。

简单即王道，语言钉用一个词语就占领了用户心智，显然是一种极为高效的宣传策略。恒源祥的广告词仅简单的六个字，就提升了恒源祥的品牌知名度。恒源祥的成功，这则广告的宣传功不可没。

同样是不断重复，1993 年恒源祥的这则广告在当时大部分人心中都留下了深刻的印象，但是 2008 年恒源祥的 12 生肖广告却大打折扣。一个低沉的男音从"恒源祥，北京奥运会赞助商，鼠鼠鼠"念到"恒源祥，北京奥运会赞助商，猪猪猪"，这则广告更像是经典广告案例"恒源祥，羊羊羊"的加长版，观众们的反应和评价则大不如前。不过前者已经成为许多人们心中深刻的记忆，大多数的用户只要购买羊毛衫就会想起恒源祥，记住恒源祥是卖羊绒线、羊毛衫的。

虽然现在这个被称作经典的"羊羊羊"广告事实上来自一个偶然的决定，但是却带来了无心插柳柳成荫的效果。

1991 年，恒源祥已经有了一定的数量的合作工厂，但是绒线的销量并不是很好，为了提高销量，恒源祥决定在电视台投放广告，电视台的广告

位最低时长是 15 秒，而恒源祥由于预算问题只制作出 5 秒的广告，因此只能将 15 秒拆分成 3 个 5 秒进行投放，在两集电视剧间的广告时段播出。于是就出现了用童音重复念诵："恒源祥，发羊财。"

这个广告在央视播出后，恒源祥的董事长突然有一天接到电视台电话，被告知这个广告由于被人写信投诉不能再继续播出了，还陈述了很多理由，原来是因为有人反感"发羊财"这句广告词。

突然发生的变故让他措手不及，匆忙间，他将"恒源祥，发羊财"拆成了"恒源祥，发发发""恒源祥，羊羊羊"和"恒源祥，财财财"三句广告语，最后选定了其中的"恒源祥，羊羊羊"。那时的电视剧刚刚引进中国，收视率很高，恒源祥把那 5 秒的广告投放在电视剧中间的广告时段反复播放，令人印象深刻。

就是这么一个简单的想法，恒源祥成为拥有如此高知名度的品牌。依靠这则广告，恒源祥打开了服装市场，1992 年其销售额更是达到一个新的高度。

一个广告语虽然简短，但它所带来的价值却是不可估量的，企业只要找到这个核心词，就能用最简单的语言表达品牌的内涵，体现产品的特色，接下来的时间企业要做的只有不断向用户强化这个词，从而让他们记住并信赖品牌。

5.1.3　利益相关：波司登，冬天更美了

语言钉还可以从用户的切身利益出发，例如，波司登制作了一个"冬天更美了"的广告视频，视频中一个女生身穿波司登羽绒服漫步在雪中，脚步轻快地哼唱着歌曲，随即她的身后出现了更多身穿波司登羽绒服的人，他们一起欢快的哼唱、舞蹈，唱着"迎接新一天"，仿佛不惧严寒，

广告的最后，一个优雅的女声说出广告语："世界名牌波司登，冬天更美了。"

这则广告给用户塑造了一个波司登使您冬天更美、更暖和的印象，过去的羽绒服基本上以功能实用为主，也就是保暖，市场需求转变后，羽绒服的消费需求已经从传统的保暖性过渡为保暖兼时尚、轻便等特点。所以，波司登从保暖性、时尚性等产品功能出发为用户提供了多种选择，符合用户对产品的需求，设计出既保暖，又轻便、时尚的羽绒服，在一定程度上满足了市场需求。

类似这样运用语言钉的优秀案例还有很多，那么，如何打造语言钉，需要注意的点有以下四个。

1. 源于生活

品牌的核心词不是凭空想出来的，要基于产品的某个特性或来源于某个使用产品的生活场景。这样可以让用户产生强烈的代入感，更容易接受这个词。

2. 忠于品牌人设

品牌都有自己的"人设"，例如，多数服装品牌不能把"安全"作为品牌核心词，因为这背离了其人设，"安全"这个词显然并不核心。品牌核心词要说出与品牌人设相符合的话，这样才能给用户留下深刻印象。

3. 符合品牌形象的语言风格

品牌核心词的语言风格要与品牌整体形象相契合，不然会显得格格不入。如果品牌是民族企业老字号，则可以以"匠心""历史"作为核心词，如果品牌研发新技术，则可以主打"高端""科技感"。这些词都是符合其品牌整体形象的，如果两者调换，则会让用户有一种"违和感"而难以接受。

4. 要高于生活

品牌核心词要源于生活，说用户听得懂的话，也要高于生活，使表达更加精炼与工整，更方便记忆，也更具有传播性。

5.2 视觉锤：以视觉表现强化品牌印象

视觉锤理论由劳拉·里斯提出，她认为传统的定位理论主要依靠文字的力量在用户心里占据一席之地，这显然是有缺陷的。在如今这个信息爆炸的时代，比起大段的文字口号，给用户留下深刻印象的反而是直观的视觉画面。企业要想让品牌深刻、长久地留在用户心里，还需要有视觉上的辅助和配合，有时候视觉的作用甚至大于语言的力量。打造视觉锤可以从形状、颜色、商标、产品、动物等方面入手。

5.2.1 形状：最容易让人记住的符号

商标代表的是品牌的符号，能够让用户识别、分辨品牌。在打造视觉锤的过程中，形状是一个不可忽略的要素。图形越是简单，用户就越容易记住。有效创造视觉锤的方法就是创造一个简洁的、特别的新形状，让用户容易将其与其他品牌区分开来。如果常用的形状已经被其他品牌占用，可适当增加一些创意让商标变得别致。一个简约的形状不仅能够迅速吸睛，加深用户对品牌的记忆，也容易进行大规模、普遍性的推广。耐克（Nike）在形状的设计上就做到了极致简约，深受用户的欢迎和喜爱。

而且，在耐克的崛起中，形状简约的视觉锤也起到了无可替代的作用。耐克的视觉锤在形状上追求简约，在结构上追求精练，以"对钩"为核心完成了一次几乎完美的演绎。同时，耐克的视觉锤野也有着美好的寓意，象征着胜利女神翅膀的上的一片羽毛，让用户感受一次轻柔、轻快、灵动的体验。

通过形状如此简约但寓意丰富的视觉锤，耐克的运动系列产品打响了名声。在后期的发展过程中，耐克也坚持精益求精，不断用新科技提高产品的舒适性与稳定性。在很多用户心中，耐克已经是高质量运动鞋与运动服装的代名词。

在视觉锤的形状方面，线条也起到了非常重要的作用。线条一般有两种形式：一种是直线，另一种是曲线。直线代表理性，体现着无限的张力和活力，充满着浓烈的现代意味。曲线代表感性，有着良好的弹性和饱满的结构，不仅会显得形状非常柔软，也具备一种非常高雅的意味，能够让用户心情放松，感觉到生活的温度。

在线条上，阿迪达斯的视觉锤与耐克有很大不同，前者采用了更加典型的直线设计，为自己增添了一些现代意味。阿迪达斯的视觉锤可以充分展示出作为一个运动品牌应该有的清晰、简练以及爽快与锋利。

视觉锤商标的重点不是"好不好看"，而是传达了什么。其实在很多情况下，线条的不同形式可以传达不同的情绪。因此，企业在设计或者更新视觉锤时，首先必须明确产品定位和用户定位，然后在此基础上设计出既符合品牌形象，又能够得到用户青睐的视觉锤。

5.2.2 颜色：打造品牌专属性

相对于文字和图形而言，颜色最先进入人们的视线中，选对颜色更能给人视觉冲击感。颜色可以成为非常有效的视觉锤要素，起到推广品牌的作用，颜色锤还要与语言钉相互关联。

基础的颜色有 7 种，即：赤、橙、黄、绿、青、蓝、紫。因此，企业要想在颜色上实现视觉锤的差异化并不是非常简单的。即使如此，企业也还是可以找到一些非常有效的做法，主要包括以下三种。

（1）名称、口号、视觉锤一致更有利于品牌的推广和传播。而且，与多样化的颜色相比，单一的颜色更容易让用户记住，两种颜色很难记，三种颜色以上就几乎不可能被记住。在颜色方面，知名国货品牌鸿星尔克做得很不错，其商标设计理念值得其他企业借鉴。

鸿星尔克的商标好像展翅翱翔于蓝天上的鸿鹄，寓意像鸿鹄一样翱翔天际，勇往直前，无惧挑战，成为典范，表现了鸿星尔克倡导坚韧、拼搏、奋进的企业理念。其意味着该品牌不断拼搏、追求卓越的精神，也代表其乐观向上的品牌态度。此外，商标通体都是蓝色，这种蓝色源于天空蓝，象征着鸿星尔克沉着、冷静、胸怀天下的品牌形象，以及时尚、大气、简约、典雅的美好气质。

（2）如果品牌率先控制了某个品类，那么就可以通过占领某个特定的颜色建立自己的形象和声誉。例如，蒂芙尼占领了蓝色，向用户传达优雅和真实。当然，要是所有品类都已经被其他品牌控制，企业不妨为产品"涂"上与众不同的颜色，创造一个潜在的视觉锤。例如，阿依莲的衣服以粉色为主，为用户营造了一种淑女、知性、温柔的感觉。

（3）醒目的颜色能够更迅速地吸引用户的注意力，从而使品牌在用户心中占据优势地位。醒目的颜色还可以激发用户的感情，甚至可以更好地传递品牌理念和企业价值观。例如，橙色非常醒目，可以给用户带来一种轻松、兴奋的心理感受；红色视觉刺激强，让人觉得活跃、热烈、有朝气。

服装店一般都开在店铺密集的地方，能不能让人们一眼认出这点很重要，因此就要提高品牌标志的辨识度。比起使用多种颜色，中国李宁这种红白相间、正方型标志显然就非常有辨识度。这种方法就是用颜色提醒用户这是哪一个品牌，而且品牌一旦有了一个独特的视觉锤，很容易继续延伸广告内容，也更容易让用户记住。

商标是用户识别企业的重要方式，对于企业而言，商标具有宣传理念、树立品牌、开拓市场等功能，是企业必不可少的无形资产。除了要体现品牌的独特个性以外，还要突出与其他品牌的差异性。企业只有手握一个设计独到的商标，才可以向着更好的方向发展。

5.2.3　商标：将常用符号特殊化

在视觉锤中，商标承担着越来越重要的作用，可以将无形的符号视觉化，并在符号与图像之间建立固定联系，让用户只要看到这个符号就会联想其背后代表的含义。商标作为视觉锤的表达方式之一，常见于产品、广告牌和网站上。

可以让用户印象深刻的商标一定是简约且有特性的，下面以与天猫合作走上新零售之路的李宁的商标为例对此进行说明。

自从有了合适的商标，即使李宁的品牌名称没有出现在任何地方，只要用户看到这个符号，也就已经自动接受了李宁和这个符号之间存在固有联系，因此，用户的大脑会马上告诉他们，这个品牌是李宁。不管是出现在运动鞋、棒球帽、运动服上都是如此。

除此之外，将商标用一个连贯且上口的词表达出来效果会更好。用户总是倾向于记忆并理解那些合乎语言韵律和逻辑思维方式的词。一个合理的词本身就具有一定的含义，甚至仅仅只是一个字，也可以包含很多信息。

　　企业如果可以用几个字组成一个顺口的词或者句子（例如，李宁的一切皆有可能），那就可以传递一部分品牌理念，让用户对品牌和产品印象深刻。

5.2.4　产品：天然的视觉

　　目前各大企业之间的竞争非常激烈，如果品牌不努力经营，那么能够在市场上胜出的概率就非常低。现在已经不再是"酒香不怕巷子深"的年代了，企业要用心经营品牌，让广大用户认可品牌，对品牌形成熟悉的心态，从而达到"先入为主"的目的。在这种情况下，企业需要通过一些具象化的产品让用户对产品形成认知。

　　同时，为了在用户的心中占据优势地位，企业还可以使用一些夸张的手段塑造产品，使其更具象、有特色，从而对用户的视觉形成挑战。现在是一个追求个性的时代，用户不仅通过消费满足自身的物质需求，还要满足精神层面的需求。还有些用户可能通过选择、购买产品表达自我，希望其他人能了解他们选择产品所展示出来的个性。

　　如果想要品牌在市场上更具有优势，设计出一款本身就包含视觉锤的产品则更能让人印象深刻，可以在产品的颜色上、剪裁上、配饰上设计出视觉锤，那么产品本身就是独一无二，还拥有了更高的辨识度，通过产品还能不断地加深用户印象。

　　卡骆驰（crocs）就利用产品塑造了独特的视觉锤，强化了产品在用户心中的记忆点。卡骆驰的主营产品是有洞的沙滩鞋，鞋上的洞具有通气和排水的功能，卡洛驰的鞋，让鞋成为与众不同的产品，也取得了成功，如图 5-2 所示。有洞的鞋是一个非常强大的视觉锤，即使这样的鞋可能不是非常美观。但卡骆驰的创始人非常聪明，他发现了这个问题，并迅速加以利用。于是，除了产品这个视觉锤以外，卡骆驰还有"丑也可以是美的"这个语言钉。

图 5-2　卡骆驰的主营产品

与卡骆驰相似的还有很多品牌，如古驰（GUCCI）。古驰经常用帆布而不是皮革来制作产品，而且产品上大多有红绿条纹和双 G 互锁标志。商标是品牌的象征，印着醒目的商标图案和红绿搭配的条纹出现在女包、帽子、短袖等产品里，这也是古驰（GUCCI）最早的经典标志设计。这样的视觉锤让很多用户在一定的距离外都可以快速识别古驰这个品牌，并将其与其他品牌区分开来。

5.2.5　动物：突出品牌个性

企业使用用户熟知的动物作为视觉锤，有利于用户对品牌产生亲切感，拉近自己和用户之间的距离。知名鞋服品牌红蜻蜓就掌握了这一点，以蜻蜓为核心设计了一个亲切的动物形象。动物形象拟人化或者卡通化更容易让用户对商标产生深刻记忆，使品牌对用户更具有吸引力，有利于企业推广和产品销售。

类似的使用动物来凸显品牌个性的品牌还有知名男装品牌七匹狼，商标设计选择了狼这种具有顽强拼搏、执着追求的动物为标识，在商标图案中融入了狼的智慧、动感，也意味着勇往直前，不断开拓。用狼这种坚韧、勇敢的动物来展现男性的特性，标识本身具有鲜明的男士精神，从而加深了七品狼的文化品质。

除了图案是一只奔狼外，品牌还将英文词"SEPTWOLVES"与中文"七匹狼"相结合，象征企业凝聚力，用绿色作为商标底色，既让人联想到生机勃勃的大自然，也代表着企业的青春、活力。七匹狼用产品代替表达，描绘出男人坚强外表下的另一面，提出"相信自己，相信伙伴"的文化内蕴，引起了男士的广泛共鸣。

很多企业，尤其是现如今的服装企业，都会以拟人的手法、夸张的表现形式设计一个具象的视觉锤，从而吸引用户的注意力，塑造良好的品牌形象。甚至有些企业会直接将自己的吉祥物作为视觉锤。这样的视觉锤不仅代表了一个具有特殊精神的品牌形象，还能为企业带来良好的辨识度，帮助企业在市场竞争中脱颖而出，更好地向用户传达经营理念。

第 6 章

品牌 IP 化：服装品牌营销精进

近年来，IP 与品牌的联合营销屡见不鲜，如美特斯邦威和全职高手、海澜之家与黑猫警长、太平鸟与可口可乐等。IP 因其自有的话题性，成为品牌宣传的最好载体。

6.1　品牌 IP 营销底层逻辑

很多企业都已经有了 IP 营销的经验，也能深刻地感受到，只有把内容做好，才能在泛滥的 IP 营销中脱颖而出。企业在做 IP 营销时，要从内容上与 IP 建立起强有力的联系，而不是只注重表面效益的浅层次 IP 营销。只有真正地将强有力的内容与 IP 相结合，才能给用户深刻的体验和不一样的感官认知。在这种状态下，企业的商业效益自然可以水到渠成。

6.1.1　建立信任，深化受众对 IP 的认知

要说 IP 的基石是什么，那一定非信任莫属。从某种程度上讲，信任要依靠人与人之间的交集去建立。这里所说的交集可以是生活，可以是工作，也可以是情感。而且，交集越多，这种信任就会越强。信任作为 IP 的基石，是各大品牌都应该重视的。

在打造 IP 的过程中，将心比心和换位思考是非常关键的两个点。品牌只有换位思考，想用户之所想，急用户之所急，才能与用户建立良好的信任关系，从而获得用户的认可。一个成功的品牌通常会把大部分时间放在树立信任上，其余时间则用来为自己贴标签。

曾有人说，现在是一个"用信任换取利益"的时代，这句话虽然有夸张的成分，但也确实能折射出比较现实的问题——用户的内心极度缺乏信

任。因此，如果品牌能够在打造 IP 的过程中建立信任，坚持诚信经营，那么就可以在激烈的市场竞争中脱颖而出，逐渐走向辉煌。

在建立信任方面，服装品牌森马做得比较不错。森马从"新视觉""新渠道""新主张"入手，积极打通品牌脉络，全面触达用户。

（1）"新视觉"。森马以更前卫、潮流的品牌设计与活动页面设计，激发用户的消费欲望。森马根据用户的喜好重新设计商标，通过短视频展示自己的服装，提升服装的立体感，促进品牌 IP 化，让用户享受更优质的购物体验。

（2）"新渠道"。森马瞄准深受大众欢迎的短视频平台抖音和快手进行重点推广，与大 V 达成合作，促进形象宣传和产品销售。森马牢牢抓住行业趋势，开通了自己的直播间，不断扩展销售渠道，与用户建立更紧密的联系，促进流量不断提升，冲榜服装品牌前列。

（3）"新主张"。森马在年轻用户高度聚集的微博、小红书等主流社交平台发声，利用多元化广告让服装触达上亿年轻用户，打造更完美的品牌形象。此外，森马旗下的童装品牌巴拉巴拉（Balabala）以情感为切入点，洞察宝妈和宝爸的情感需求，在"双 11"期间拍摄微电影，派送新生儿礼包，在收获好评的同时也深化了 IP，赢得了广大用户的信任。

通过森马的案例可知，企业要想打造一个深受用户信任的品牌，就应该重视 IP，紧跟时代发展，积极挖掘新模式，展现 IP 的强大力量。

6.1.2　STEPPS 法则：构建 IP 影响力

企业应该找到产品或服务与用户的连接点，通过建立诱因联系，调动用户的联想能力，让用户自觉传播品牌，引起裂变效应。为了更好地指导企业，美国宾夕法尼亚大学沃顿商学院教授乔纳·伯杰（Jonah Berger）提出 STEPPS 法则，如图 6-1 所示。

图 6-1　STEPPS 法则

S：社交货币（Social Currency）

社交货币是指社交活动的必备条件。通俗地讲,社交货币包括提供谈资、表达想法、帮助用户、展示形象、促进比较五个部分。这五个部分构成了一个循环过程，在这个过程中，企业要了解并满足用户的需求，营造他们渴望的品牌形象，让他们愿意与企业站在同一条战线上。企业可以从中获得流量和用户的信任。

T：诱因（Trigger）

诱因是建立一个与周围环境相关的专属链接，让用户将产品与生活中的某个场景联系起来，激发用户对产品的购买欲望。例如，安踏（Anta）是知名运动服装品牌，以"永不止步（Keep moving）"为理念（图 6-2），在用户心中营造了一种场景：如果你爱运动或者需要长时间运动，那就选择安踏的产品。安踏将运动的场景与自己的品牌建立一种专属链接，让用户在做运动时联想到该品牌，并产生购买产品的意愿。

图 6-2　安踏宣传

E：情绪（Emotion）

所谓情绪，就是引起用户的情感共鸣，以情感驱动用户采取购买行动。情绪有正向情绪和负向情绪，如表 6-1 所示。

表 6-1　正向情绪和负向情绪

正向情绪	敬畏、娱乐、正能量、幽默、兴奋、惊喜等
负向情绪	生气、担忧、焦虑等

企业可通过预期效应激发用户的惊喜情绪，为用户提供超预期的额外服务和小礼品，创造"惊喜时刻"的体验，建立与用户之间的情感连接，使用户留下好的品牌印象。例如，企业可以为购买裙子的用户赠送腰带、项链等配饰，激发用户的兴奋点和尖叫点，促使她们主动为品牌做口碑传播，让品牌进一步增值。

P：公共性（Public）

公共性是指人们具有从众和模仿心理，这种心理会对购买决策产生影响，甚至引发集群效应。因此，企业要营造一种"大多数人都在买"的氛围，如在网上和用户沟通时，我们可以这样说："这件衣服的销量是最好的，款式也是今年非常流行的，很多人都已经下单了，您就不要犹豫了。"这时用户会对衣服产生比较强的信任感，从而产生购买行为。

P：实用价值（Practical Value）

只要产品对自己有帮助，用户就愿意将这个产品介绍给其他人，由此使品牌传播开来。例如，某网店在自己的商品详情中介绍了一款新面料——莫代尔，将这款面料的特点和优势展示给用户，以吸引用户购买，如图 6-3 所示。

图 6-3　某网店对莫代尔的介绍

该网店就在一定程度上应用了面料的实用价值，通过全方位展示莫代尔让用户感受到衣服的质量是有保障的，从而愿意购买衣服。

S：故事（Story）

人们喜欢听故事，故事不仅可以将产品或者品牌置于某种情境中，还可以帮助讲故事者潜移默化地向用户传递情感。企业应该精心构造自己的故事，包括结构、矛盾点、案例等，学会在故事中注入产品，从侧面宣传品牌。例如，达芙妮（Daphne）以希腊女神 Daphne 与太阳神阿波罗的爱情神话为主题讲述故事，希望每一位踏入达芙妮的女人都好像谈了一场恋爱，找到真正的自己，不断提升信心。达芙妮的故事将品牌愿景和目标群体展现出来，再加上爱情神话的助力，相当于为企业披上了一层"神秘面纱"，对用户很有吸引力。

在信息大爆炸的时代，用户对广告通常有比较强的免疫能力，这就要求企业通过 STEPPS 法则让产品、品牌深入用户的心中，不断提升自己的影响力。

6.2　转化关键点：长期有效曝光

在这个信息爆炸的时代，大量信息让用户眼花缭乱，太多的品牌被拍在了时代的沙滩上，用户所看到的只是各个行业中的佼佼者，那么品牌应该如何做好推广，保持长期有效的曝光度呢？

6.2.1　精准定位，绝不对牛弹琴

企业要精准定位用户群体，找到真正有需求的用户，绝不对牛弹琴，通过这种方式实现 IP 的低成本扩张。

那么，企业应该如何实现不对牛弹琴呢？

第一步：界定用户

企业一般会通过两个要素界定用户：内在属性、外在属性，如图6-4所示。

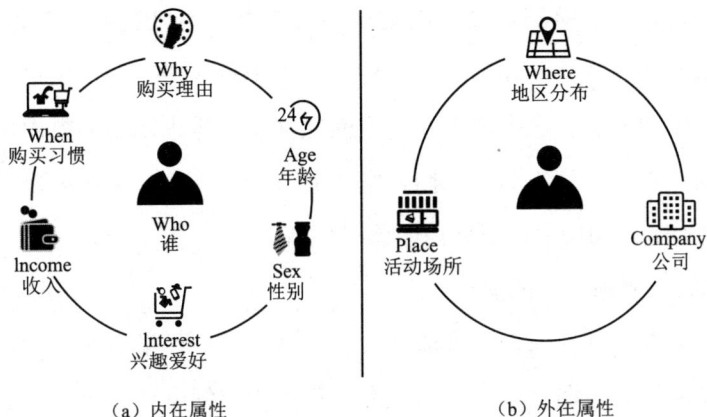

（a）内在属性　　　　　　　　　　（b）外在属性

图 6-4　内在属性与外在属性

当企业清晰地列出用户的属性时，就可以初步定位目标群体。但这样还不够精准，企业需要进一步缩小用户范围。

第二步：分析用户的购买能力

用户的购买能力一般通过收入、平均消费水平、是否购买过相关产品等方面来分析。购买能力也体现在用户拥有哪些有价值的产品上，如拥有奢侈品牌服装、高级定制服装的用户往往有更强的购买能力。这样的用户更适合作为高端品牌的目标群体。

第三步：了解用户的消费历史

企业要想知道用户接下来会购买什么，那就看他最近购买了什么，以及正在购买什么。用户的消费历史代表了他对产品的潜在需求和购买产品的可能性。企业可以通过分析用户的消费历史了解以下内容：他是否购买过与企业产品同类或者相关联的产品、是否购买过竞争对手的产品。例如，香奈儿可以分析用户是否购买过普拉达或者阿玛尼的产品。

从用户的消费历史中，企业可以轻易地筛选出对自己的产品有了解，不需要常识教育，而且有能力购买产品的用户。这样可以节省很多时间和精力，也有利于降低风险。

第四步：挖掘用户的购买需求

用户为什么会购买产品，因为他们有需求。用户是否对产品有需求，决定了他们购买产品的速度与可能性。对于企业来说，如果用户曾经购买过竞争对手的产品，那么他们在这方面往往是有需求的。如果用户关注某件衣服的特点、评价，那么他们在这方面也会有需求。企业可以从相关网站上找到有需求的用户，引导他们购买产品。

第五步：判断用户的消费频率

消费频率越高，用户的价值越大。也就是说，如果企业能锁定消费频率比较高的用户，那么就更容易成交。判断用户的消费频率可以从其消费历史着手，在这方面，企业不妨开展相关的有奖调研，平时也要多关注行业内的信息与数据。

第六步：进行市场细分，锁定用户

企业进行市场细分主要是为了将目光聚焦在最容易产生效益的用户身上。市场细分有利于规避竞争，帮助企业锁定对产品认可并支持的用户，形成独特的竞争力。

第七步：提取高价值用户的特征

通过以上七步，企业已经能够了解用户，下一步就是把最可能购买产品的高价值用户筛选出来，提取其特征，方便之后进行更精准的宣传和推广。在提取高价值用户的特征时，企业需要做好以下两件事。

（1）分析老用户。企业可以分析已经成交的老用户，从中提取其共性特征，如年纪、喜好、消费历史、活动场所等。

（2）分析竞争对手的用户。企业可以分析竞争对手的用户，内容包括客单价、用户消费情况、用户购买偏好等，然后综合自己的细分市场列出自己的用户特征。

借助上述内容，企业可以列出目标群体的特征，如年龄是多少、收入情况如何、喜欢去哪里购物、爱好什么、喜欢购买哪类产品等。这时企业只要集中"火力"吸引这些人的目光，用优质产品打动他们的心，就可以更轻松地达成交易。

无论是服装销售还是其他类型的销售，很多工作都是围绕用户展开的。如果没有用户，企业很难获得良好的发展。笔者认为，如果用一个词形容商业的核心，那么应该就是用户。企业要找准目标群体，不断提升用户的体验，为自己留下更多老用户。

6.2.2　不断重复：简单的宣传重复做

随着越来越多的信息出现，用户接收信息的方式和渠道也出现了封闭化、定向化的发展趋势。这种趋势加深了信息孤岛效应，使用户本来就有限的注意力变得更分散。因此，无论是品牌宣传还是 IP 打造，企业要抢占用户的心智都是一件非常困难的事。

其实真正让品牌和 IP 变得有吸引力的方法，恰恰是听上去好像没有创意的原理——重复效应。例如，人们可以清楚地记住以运动、体育为宣传点的李宁；以高端、奢华、贵气为宣传点的香奈儿；以时尚、潮流、都市丽人为宣传点的 37° love。

这是为什么呢？因为这些品牌在做推广时一直不断输出自己的宣传点，尽量让宣传点多次出现在用户面前，加深用户的记忆。对此，有人总结了一个能让用户记住品牌的公式：重复的宣传 + 极简的内容 + 突出产品特性，即对与品牌和产品相关的重要信息进行重复。

用户在做消费决策时靠的不仅是理智，还有对产品的记忆和印象。因此，企业要想让品牌深入人心，一定要将简单的宣传重复做，迅速深入用户的心里。在具体操作时，企业应从以下四个方面着手，如图 6-5 所示。

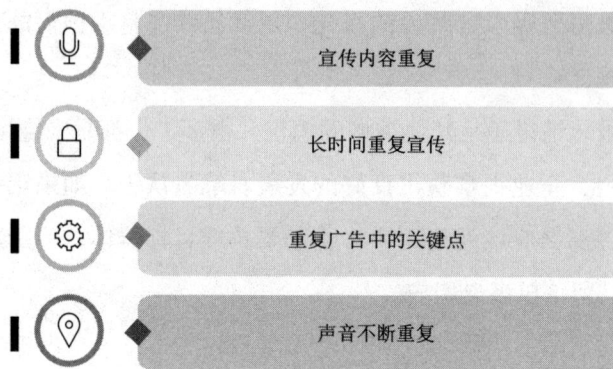

图 6-5　如何将简单的事情重复做

1.宣传内容重复

宣传内容要始终围绕一个核心点或核心目标进行，不要试图在一个广告里展示与品牌相关的所有信息。而企业想要做到这一点，首先要对自己有一个清晰的定位。

2.长时间重复宣传

一个宣传活动需要经过一段时间的积累才可以看出效果，因此，企业要想深入用户的心里，就必须占据用户的时间，不断进行价值输出。例如，特步、李宁、乔丹等知名品牌会定期或不定期举办宣传活动，将 IP 深深地"钉"在用户的心中。

3.重复广告中的关键点

广告要重点突出一个关键点，如产品优势、价格优势、品牌愿景、企业定位等。这样有利于在有限的时间内，不断让广告中的关键点出现在用户的眼前，最终达到加深 IP 的目的。

4.声音不断重复

对于自己脑子里的声音，用户会记忆深刻，甚至时不时脱口而出。例如，很多洗脑广告就是让一句广告语在消费者的脑子里挥之不去，形成一个声音。有了这样的声音，用户一旦感受到某些线索，就会自动触发相关信息，品牌就能被根植于用户的认知深处。

通过上述内容，可以总结出两点建议：一是宣传点的输出要实现全网覆盖；二是关键点和广告词是打造 IP 的核心。在品牌 IP 化过程中，企业应该明确地表达出"我是谁""我的产品为什么对你很重要"，找到可以引发用户共鸣的情绪，然后不断重复。

6.2.3　情感表达：勾起消费者底层情感

现在产品同质化问题比较严重，很多产品之间都存在可替代性，用户已经不再像过去那样，关注产品的功能性要求。因此，一种新主张受到了广泛关注——ESP（Emotional Selling Proposition）理论，即情感销售主张，意为根据用户的心理特征，让用户获得情感满足。

企业可以通过广告与用户在情感上产生共鸣，从而吸引用户，提升自己的曝光度。用户在使用产品后可以获得满足，这种满足的最高级别是用户个人内心的情感满足。企业要想迎合用户的情感，就需要在广告中体现出产品与情感之间的关联，如图 6-6 所示。

1	与他人的情感
2	博爱的情感
3	情绪
4	价值观
5	其他情感

图 6-6　广告需要迎合用户的 5 种情感

1. 与他人的情感

与他人的情感包括亲情、友情、爱情，是人类最基本、最重要的情感。在广告中融入这些情感，可以引发用户对情感的联想，帮助企业与用户产生情感上的共鸣。例如，某服装品牌在 2022 年的母亲节当天打出子女为母亲购买衣服的广告，就是在亲情上感染用户。

2. 博爱的情感

博爱的情感是指集体情感，包括对国家、民族、社会的情感及公益类情感。将广告与社会时事热点相结合，不仅能够吸引用户的注意，还能借机宣传品牌及产品，拉近企业与用户之间的距离，增强用户对企业的识别度。例如，李宁作为新零售时代的实力企业，通过"中国红""打响国货品牌"等主题做营销，将销售产品同用户的爱国情感结合起来。

3. 情绪

情绪是情感的外在表现，主要有喜、怒、哀、忧、恐、惊几种。企业可通过营造一种情绪与用户产生情绪上的共鸣，给用户留下更深刻的印象。

4. 价值观

积极的价值观能够对用户产生激励作用，让用户有心理变化，从而加深用户对品牌的记忆，品牌也因此能够占据用户心理的重要位置。例如，某品牌拍摄了几组关于普通人生活的视频，视频中的人都身着该品牌的服装，传递了一种积极向上、努力生活的价值观，引起了用户的认同和共鸣，促进了产品销售量的提升。

5. 其他情感

其他情感包括个人回忆、怀旧情感、追求自由与健康等。将广告与

用户自身的需求与情感结合在一起，能够引起共鸣，激发用户对产品的
兴趣。

6.3　IP 拓展：完善品牌形象，拓宽 IP 边界

这个信息泛滥的时代，需要通过不断凸显自己的个性才能吸引用户的
注意力，而个性通过标签来体现。实现 IP 的标签多元化，扩大 IP 边界，才
能多维度发展。

6.3.1　"运动 + 科技"：标签多元化扩展 IP 边界

现在无论是服装企业还是其他类型的企业，都需要不断凸显自己的个
性才能抓住用户的注意力。而个性通过什么体现？那就是标签。为了适应
多元化的社会，企业要想让品牌根植于用户的内心深处，那就一定要学会
利用事物之间的关联性，不断将标签多元化，扩展 IP 边界，逐步将泾渭分
明的壁垒打破，实现共融共通，共生共存。

例如，匹克（PEAK）以"运动 + 科技"为核心，将自己打造成为敢于
创新、敢于革新、敢于行动的科技型国货品牌。现在匹克在科技创新方面
已经取得了不错的成绩。在 2020 年 11 月，匹克与卢浮宫博物馆携手举办
联名大秀（图 6-7），改变了传统品牌不够酷、不够潮的主观印象，带来了
很多融合科技与艺术元素的产品。此次活动不仅让匹克有了更高的知名度
和更强大的影响力，还为当年"双 11"创下了近 2 亿元的销售额。

图 6-7　匹克与卢浮宫博物馆的联名大秀

匹克身为运动品牌的佼佼者，一直坚持科技创新，希望用科技提升生产效率。如今，匹克引进了 3D/4D 打印，成为智能制造领域的引路人。为了弘扬科技的重要性，传递企业文化和使命，匹克于 2020 年 12 月举办了 125 PEAK Tech 匹克未来运动科技大会，向外界展示最新的科技成果和更完善的行业解决方案。

在这场关于"运动＋科技"的大会中，匹克将 3D/4D 打印在各领域的应用及其对产品生产的赋能情况进行阐述。此外，加入了轻弹科技的态极 3.0 系列产品也惊艳亮相。该产品兼顾了自适应中底科技和轻量化体验，外观设计也十分新潮，很好地帮助匹克实现转型升级。

在"运动＋科技"方面，匹克还提出"赛高计划"，即在内部孵化新品种，整合科技、生产工艺、供应链，打破设计师与用户之间的壁垒，让产品更有创意和科技感。例如，匹克的设计师以镭射幻彩、杜邦纸金属色、透明 PVC 等多种面料折射出关于未来的想象力，充分呈现出科技与艺术融合的美感和极致体验。

近几年，匹克一直致力于科技研发，将三级缓震科技、梯度双能科技、轻弹科技等应用到篮球鞋、拖鞋、健步鞋等产品上，使这些产品迅速成为很受欢迎的"爆款"。当然，这也让之前陷入低谷的匹克获得新生，用科技重新定义了国货品牌。

6.3.2　"服装 + 国潮"：打造不一样的体验

潮牌起源于美国街头文化，它不仅仅是简单的潮流元素的集合，而是当代年轻人身份认同的符号与标志，是一种自我表达的外在形式。具体来说，潮牌多指一些有自己独特设计、展现生活态度的原创品牌，大都具有小、少、酷的特点。小即是受众群体小且年轻；少则是指单品数量较少，品类相对单一，限量发售是主流；而酷即在表达个性，强调原创、符号化。

潮牌之所以能流行，一方面源自时尚、前沿、个性的设计风格；另一方面在于品牌对本土文化的表达和彰显。例如，美国潮牌 Stussy，其最具标志性的签名设计的初衷是为了致敬 20 世纪 70 年代兴起的涂鸦艺术；而 Supreme 品牌彰显的则是风靡美国的滑板文化。文化不仅能够激发众多"个体"的共鸣，而且也让品牌更具符号价值。

国产潮牌，即国潮由于没有长久的街头文化根基，缺少优秀的独立设计师，在很长一段时间内不被大众所认知。近年来，由各类综艺节目引发的舆论让国潮的声量急剧放大，不仅使散落在各个角落的潮咖凝聚起来，而且向大众普及了国潮文化，推动 90 后、00 后群体成为国潮市场的绝对消费主力。

近几年，国潮平台有货、得物（原名：毒）、NICE 等发展迅速，成为潮玩、潮人的聚集区，潮流类 KOL 也逐渐深入微博、微信等大众社交媒体平台，加速潮流类信息席卷全网。此外，营销和运营也正在成为影响国潮品牌快速成长的重要驱动力。

李宁的首席设计师陈李杰曾经在公开场合承认过营销的重要性。尤其是在李宁开始走国潮运营路线后，该路线直接助推其市值在半年内从

143 亿元飙升至 563 亿元，翻了近 3 倍。

国潮一词出现前，"国风""复古"的说法比较常见。国潮即"中国 + 潮流"，既可以是体现中国文化的复古中国风，也可以是展现国际潮流的创新中国风。中国元素在传统与现代的碰撞中巧妙结合，形成时尚潮流。

从载体看，国潮既有以实物产品为载体的中国制造潮流，也有以文化现象为载体的中国文化潮流，如汉服文化的兴起等。在国潮的推动下，不仅本土的时尚品牌纷纷爆红，其他领域的国产品牌也逐渐被国人所接受和喜爱。例如，李宁、鸿星尔克等品牌受到人们的追捧，而且许多中华老字号也得到越来越多用户的青睐。这看似是一种偶然的社会现象，其实是经济快速发展的必然结果，其背后有着经济、文化等多方面的动因。

李宁曾经在纽约时装周上将"中国李宁"四个字印在具有潮牌气质的服装上，点燃了中国人的潮流自信，如图 6-8 所示。

图 6-8　印有"中国李宁"的服装

融合了中国国学元素的新品一经亮相就引起了社交网络的疯狂刷屏。时装周结束后，李宁的股价大涨。此后，李宁多次登上时装周，为李宁带来爆炸式的关注度。

谁能想到，在之前的几年，李宁还一度身陷泥淖。2012 ~ 2014 年，李宁连续 3 年亏损，全国关店频繁，累计亏损金额高达 30 亿元。但在国际

T 台走秀，与青年设计师合作推出"悟道""凤舞""藏易"等充满中式韵味的主题产品后，李宁以国潮之名重获新生。随后，诸多国产品牌纷纷向世人展示东方美学，引发了一波又一波热议。

除了李宁以外，安踏、太平鸟、回力、波司登等也是国潮的代表性品牌。这些品牌继续走下去的原因有很多，主要包括以下五点。

（1）坚持做人民的国潮品牌：以合理的价格，让中国的国货走向大众视野。

（2）坚持做创新的国潮品牌：必须有真的创新，不能再走复制的老路。

（3）坚持做有硬实力的国潮品牌：既要有好看的皮囊，也要有有趣的灵魂，要让用户产生强烈的认同感和信任感。

（4）坚持做有个性的国潮品牌：坚持张扬个性，不随波逐流。

（5）坚持做全面的国潮品牌：不只在服装上下功夫，应该与各个产品相连，变成中国文化的灵魂，发挥服装行业的独特优势。

"服装 + 国潮"可以让品牌集时尚与国潮文化于一体，凭借个性、极具辨识度的服装引爆整个时尚圈。现在国潮已成为让我国用户骄傲的关键点，各大企业的每次"出击"都为整个服装行业带来了不俗的成绩。未来，让用户骄傲的国潮品牌应该保持自己的个性与风格，让世界看到中华民族的国潮产品非常出色。

6.3.3 "品牌 IP+ 虚拟偶像"：李宁携手星瞳重塑复古未来主义

如今，越来越多的虚拟偶像开始不断涌现，打破了"次元壁"的界限呈现在我们面前，年轻一代也逐渐成为重要的消费群体，而虚拟偶像就成为品牌拉拢他们的切入点。近两年来，香奈儿、巴宝莉、肯德基、华为等多个领域的企业都聘请了虚拟偶像作为代言人，现在虚拟偶像代言的品牌已经覆盖了美妆、护肤、时尚、手机、汽车、餐饮等多个行业。

同时，虚拟偶像的特征、人设，也变得越来越细分，个性鲜明，以便于满足不同类型品牌的需求，好的品牌还会结合虚拟偶像的风格寻找有创意的或者有趣味性的营销点。比如，绊爱在视频网站（YouTube）里单独开设了一个游戏频道，打造了一位虚拟网红 Miquela，照片中的她总是以身着各种时尚大牌和街头潮牌的模样出现在网络中，这样的方式无形中为品牌带来了更大的营收。而在国内，虚拟偶像的时尚潮流也正在不断探索中，星瞳就是国内一档音舞游戏——QQ 炫舞的 IP 化身，她不光是一位虚拟时尚网红，还是一位超能力舞者。星瞳虽然是来自游戏里的虚拟偶像，但通过她不断地突破边界、呈现自我的破圈联动行为，相信不少的潮流玩家们对她都已经不陌生，而她也深受年轻一代的喜爱。

这次的合作李宁采用了虚实结合的手法，让虚拟代言人星瞳身穿李宁运动服出现，一方面打破了现实与虚拟的界限，巧妙地让两者相互融合；另一方面也加深了用户对李宁国潮品牌的记忆，刷新了对于经典的印象。

在星瞳与李宁发布的合作视频上，通过对 20 世纪 80 年代经典场景的还原，如迪斯科舞厅、美发厅等场景，再加上星瞳的复古造型和运动穿搭，给我们在视觉方面呈现出强烈的复古感，感受到浓浓的回忆。这里面的每一个场景都还原得非常细致、考究，如黑白电视机、热水瓶、旧电话、舞厅灯球等这些存在于 80 年代日常生活的老物件，再伴随着复古音乐的响起，我们仿佛置身于那个年代，置身于那个场景中。

星瞳代表着年轻一代的主流审美，这样的虚拟偶像就像一个纽扣，将过去与未来的文化连接起来。只有让年轻人重新去认识、了解父母那一代人所流行的时尚风格，才能更好地让他们感知到复古流行文化的魅力。星瞳和李宁紧跟年轻消费群体的审美观念，为年轻一代用户演绎了"复古"与"流行"的完美融合。

在双方的合作中，我们跟随着星瞳的视角，一起跨越时空探索复古文化，这样用流行的方式重塑经典，成为一种新的潮流。而这也正是星瞳携手李宁探索的"新复古未来主义"。他们将重心放在了文化的融合，将中国20世纪80年代的复古文化与现代流行文化结合在一起，由星瞳的视角出发，努力寻求与年轻人的共鸣，为当下的年轻一代重新呈现"新复古未来主义"，让经典文化将再一次风靡年轻一代。

对于炫舞而言，有了国潮服饰、怀旧音乐、复古舞蹈等元素的加入，也将丰富游戏的内涵，拓展游戏的内容边界，让炫舞 IP 成为更多流行文化的载体，也能够让其他的品牌看到炫舞 IP 星瞳的影响力，为其带来更多的商业合作，所以星瞳与李宁的合作对于双方来说是共赢。

其一，这种品牌 IP+ 虚拟偶像的合作模式，本身就是一种共赢。李宁首席设计师携手星瞳首发游戏联名概念虚拟服饰；QQ 炫舞则会在游戏内上线全新的服饰和玩法，这让许多炫舞的玩家们期待已久。

其二，这次合作创造的商业价值将会进一步凸显。在对 QQ 炫舞核心玩家的调查中，李宁品牌深受炫舞玩家们的喜爱，这样的服饰出现在游戏内，不仅会有助于炫舞游戏人气的增长，同时，通过游戏内的展示，也会有助于线下实体店的销售量的增长。

为什么品牌会选择星瞳这个出道时间并不长的虚拟时尚偶像合作？

首先，"星瞳"这份 IP 背后代表的是一款经典音舞游戏 QQ 炫舞。QQ 炫舞一直鼓励玩家在游戏世界里自由表达自己对于流行元素的态度和时尚的追求。"这是不同自我表达方式的转变，和真实场景相比，当下年轻一代通常更喜欢在虚拟世界中进行自我表达。"对他们来说，炫舞是可以突破现实的限制，自由表达个人审美主张的虚拟空间，能让他们更加放松。

其次，是源于年轻玩家对于星瞳关注度和星瞳的影响力。QQ 炫舞在音舞游戏市场占据大部分的份额，游戏玩家众多，其中女性玩家占大多数。在生活中，她们关注潮流穿搭、追求时尚，热衷于线上购物。当这群炫舞女孩遇到了"游戏圈第一虚拟时尚舞者"星瞳，自然会被她的舞蹈和穿搭所吸引，从而产生情感共鸣。

作为一个虚拟偶像，星瞳拥有独立、自主的人格特征，她会在游戏里为玩家推荐穿搭，喜欢分享生活，大胆尝试各种不同的流行元素。星瞳的性格、爱好、行为，让每一位炫舞玩家都能从她的身上找到自己的影子。而这也促使了炫舞游戏和李宁合作，玩家在游戏里追随着星瞳的流行风格、潮流穿搭、个性服饰，同时也鼓励了他们在现实世界中追求更好、更时尚的自己，以此来提高用户的消费动力。李宁通过星瞳与年轻一代产生连接，依托星瞳与年轻用户沟通，架起一起探索传统与流行、复古与现代的桥梁，透过星瞳的视角去发现潮流服饰的无限可能。

近年来，李宁一直在复古文化这方面进行着深入研究，李宁自身携带的复古文化基因，给这次合作奠定了一定的基础，而 QQ 炫舞也在这个基础上，结合自身的属性，重新演绎了属于那个年代的复古文化，从单纯用服饰诠释复古这一个单一的方式，延伸出舞蹈、音乐、服饰三个方面综合、立体地展示，让年轻人更深入地了解 20 世纪八九十年代的文化。

想让复古再次流行起来，不仅仅只是把经典复制粘贴过来这么简单，更多的是需要品牌们寻求新的立意点，好好思考当下的年轻人们到底喜欢什么？他们的需求到底是什么？只有了解了用户的需求，才能掌握住新的热点。在普遍"一个商标打天下"的跨界联动里，这样的合作方式突破了以往的模式，让我们看到了一个全新的跨界联动、文化融合，让人耳目一新，或许这次的合作将成为新一代年轻人认识和了解经典与流行文化的桥梁。

6.3.4 "品牌 IP+ 游戏"：美特斯邦威联动王者荣耀，激活年轻基因

俗话说"三十年河东，三十年河西"，说到美特斯邦威，应该能唤起很多 90 后小伙伴们的回忆。当年国民认可度很高的美特斯邦威，怎么随着我们的长大好像消失了？想当年，美特斯邦威这个品牌也拥有过一定的知名度，但在各类服装品牌飞速发展的时期，这个曾经的国民品牌却在时代的

浪潮中节节败退，风光不再，但不可否认的是，美特斯邦威在曾经很长一段时间里是年轻人比较喜欢的服饰品牌之一。

随着国潮风的盛行，新消费群体的崛起，服装品牌融合国潮元素、IP联名等创新玩法吸引了众多年轻人。国产的服饰品牌如李宁、安踏，也迎来了发展的好时机，这一波热潮让国产品牌一改以前的态势迅速崛起，扩大了国产品牌在年轻人心中的影响力，许多人认为这些国产品牌并不逊色于诸多国外大牌。而在这场国产品牌的反击战中，美特斯邦威却出现动力不足，走向下坡路的趋势，市场上关于美特斯邦威负面消息的讨论越来越多。

然而，就是在这样的情况下，美特斯邦威联合王者荣耀这一游戏 IP 推出一系列联名服饰，带着全新的面貌回归到大众视野，为追求时尚、展示个性的年轻人们展示了新的潮酷态度，也让人们意识到美特斯邦威重回大众、力争上游的决心。

同时，当下年轻人的消费观念已经不仅仅关注产品的品质和价格，他们也更愿意为自己的情怀和热爱买单，他们更加注重体验感、愉悦感、精神的满足感。愿意为个性买单的年轻人，也是在用商品来表达自我。

不少游戏的品牌与 IP 合作跨界联动的成功案例已经验证了这个观点，大部分年轻人对于自己所喜欢的 IP 联名产品或者含有国潮、复古元素的产品，都表现出很大的购买欲望，这些 IP 作为年轻一代喜爱的新兴元素，将之融入人们日常生活的服饰、鞋、包等产品中，会让年轻人无法抵抗热爱的力量，如 MAC（魅可）跨界游戏王者荣耀推出联名口红被疯抢，分分钟售罄。

随着国产品牌的逐渐崛起，"国潮"元素逐渐受到年轻用户的追捧，文化自信的年轻一代不再盲目地推崇国外时尚品牌，不再关注大牌，而更加注重选择适合自己的风格，关注实打实的品质、体验。

因此，衍生出了一个新词汇"兴价比"，说的就是兴趣与价格之比，年轻人的消费观念从只关注"性价比"（性能与价格之比），到更注重"兴价比"。力的作用永远是相互的。中国年轻人的消费观念在不断升级、越来越注重需求，这也促使品牌的品质也要不断提升和改善。

此次美特斯邦威跨界联动游戏王者荣耀的合作，首先是凭借敏锐的嗅觉寻找到年轻一代的喜爱元素，并将游戏 IP、科技、流行运动等元素一起融入联名服饰中，设计时尚，又酷又飒，李白、诸葛亮、小乔、大乔等令人熟悉的历史人物，带有鲜明的风格，一起呈现在潮酷的服饰上，穿上这些衣服，仿佛穿越到王者峡谷的游戏战场中。

其次，高品质的设计、流畅的裁剪、精致的选材、新颖的印花工艺，也为都市的年轻人们献上了战服，唤醒他们的潮玩能量，如图 6-9 所示。穿上王者荣耀联名款服饰，让玩家们用炫酷的时装，穿出不一样的魅力，让他们不止在王者峡谷中的战场上奋勇前进，在生活、工作中也能像在王者峡谷一样拥有超能力，勇于追求自我，努力向前拼搏！

细节展示 | PRODUCT DETAILS

图 6-9　美特斯邦威王者荣耀联名款服饰

美特斯邦威成立之初的口号就是"不走寻常路"。一直到如今与王者荣耀的深度跨界合作，美特斯邦威将一种独立、拼搏、勇敢的峡谷英雄形象，融入服饰的设计中，其中包含着对于当下年轻人的期待，希望他们可以追求自己的梦想、成为生活的王者。这些设计通过英雄的人设、形象与目标产品的高度契合，在激发用户购买力的同时，也凸显品牌想传递给用户的独特印象，让用户感受到属于品牌的时尚风格和文化内涵。

近些年国货的崛起是大势所趋，对于美特斯邦威来说，找准定位，推陈出新，是一次良好的逆风翻盘机会，由于国货品牌口碑的提升，紧跟潮流设计，用户对它们的印象也早已改变，在用户心中的地位自然也不同以往。

如今的电竞市场有着大量游戏、二次元文化的爱好者，这个群体建立了一种新的流行文化。而这类群体正逐步成为市场消费的中坚力量。年轻代表着表达自我、追求个性、不被定义。因此，在这个"得年轻人者得天下"的时代，电竞领域中涌现出这么多的年轻流量，所以品牌应重点将营销策略、营销技巧往这类消费群体的身上靠拢，以寻求充分的利益。

国产服饰美特斯邦威与热门游戏 IP 王者荣耀的强强联手，不仅能为美特斯邦威带来新的发展机遇，吸引更多王者玩家们的关注，也会为玩家带来新奇的游戏体验感。试想：当顾客们玩着喜爱的英雄，身上穿着以自己喜爱的英雄为灵感设计的衣服，在王者的峡谷中战胜一个又一个的对手，拿下一场又一场的胜利，那该是多么奇妙的感觉，同时也让身上的这件联名款服饰具有了不一样的意义。

作为腾讯旗下游戏类比较知名的 IP，美特斯邦威为什么要与王者荣耀游戏 IP 进行合作？

一是因为它的确合作过众多品牌，从美妆护肤到食品饮料、3C 产品（计算机类、通信类和消费类电子产品的统称），几乎覆盖了日常生活消费的方方面面。二是因为它联名的产品，质量都不错。而凭借着优良的审美设计、完美的英雄角色塑造、丰富的畅快游戏体验，让这款游戏用户的忠诚度、黏度很高。

美特斯邦威搭上王者荣耀这款用户基数大且年轻用户占比高的游戏 IP，

推出新创意，打造王者系列限定潮流服饰，让不同的王者英雄为服饰增添了不同的潮酷元素，恰好抓住了潮玩人群的兴趣点，不仅为重回大众视野加大了品牌的曝光度，还通过游戏拉近了与年轻人之间的距离，赢得了年轻人的好感，无形中也将游戏玩家转化为买家群体，为品牌的持续发展奠定了良好基础，有效实现了引流与转化，达到了本次合作的目的。

从某种程度而言，游戏 IP 之所以深受年轻一代的喜爱，很大原因是因为游戏的审美和价值被当下的年轻人所认同，美特斯邦威也希望通过这个纽扣，连接起和年轻消费群体的沟通，进而达到优化品牌形象的营销意图。

虽然美特斯邦威通过王者荣耀联名服饰系列重新回归到年轻人的视野中，电竞营销推动美特斯邦威重新走入大众视野，这无疑是其品牌发展历程上一个新的里程碑。但在这个不断寻求突破的时代，要想在在激烈的服装行业竞争中俘获年轻人的心，美特斯邦威还有很长的路要走。

下篇
营销模式升级

第 7 章

营销精准传播：无人关注即为无效

当下是互联网大数据的时代，信息传播变得多样化，这样的现象对于广告市场来说，却让广告投放变得更加困难。越来越多的广告营销人员思考一个问题，该如何在不浪费资源的情况下将广告精准投放，因此出现了"精准营销"一词。

7.1　AISAS 传播原理：打造营销传播闭环

在营销过程中，AISAS 传播原理十分常见。其中，AISAS 代表注意（Attention）+ 兴趣（Interest）+ 搜索（Search）+ 行为（Action）+ 分享（Share）。根据 AISAS 传播原理，企业要先引起用户的注意，吸引用户的兴趣；然后用户搜索企业和产品的相关信息，等到对其有所了解后产生购买行为；接着用户通过各种形式与他人分享购买与使用体验；最后使企业和产品得到更多的用户关注。这是一个完整的营销传播闭环，本节将详细对此进行介绍，进一步研究如何通过 AISAS 传播原理进行营销传播。

7.1.1　引起注意：信息集中曝光

之前品牌与用户之间存在信息不对称的情况，但随着移动互联网的发展，这种情况已经有了一定的改善。科技让世界变得透明，用户可以更好地了解品牌，品牌也可以更近距离地接触用户，设计并生产出更符合用户需求的产品。

用户购买产品的心理活动，一般都是从对产品的认识开始的。在竞争激烈的市场上，品牌成为用户选择产品的重要依据，也是用户地位和实力的象征。因此，企业为了让用户在众多产品中挑选自己的产品，就要利用品牌引起用户的注意。

在引起注意阶段，企业的目标就是激发用户的消费欲望，将与产品相关的信息和资讯传递出去，让越多用户知道越好。因此，在这个阶段，企业运用广告宣传能够取得非常不错的效果。之前很多企业都是将花哨的名片、包装上印着的宣传语、找专人设计的宣传单等作为广告，以此来引起用户的注意。但是，现在随着论坛、贴吧、微博、QQ、微信、抖音、小红书等社交平台的出现和发展，企业吸引用户的渠道多了很多，也精准了很多。

大多数企业都愿意把微博作为新媒体营销的主战场，主要是因为与其他平台相比，微博有着快速发言、公开阅读的优势，这种优势可以帮助品牌获得更好的传播效果。像那些娱乐八卦类、美妆类、星座类、新闻类的微博账号，在粉丝的助力下，通常都会有很高的人气。

自从微信和朋友圈成为人们日常必备的沟通工具后，微信也逐渐成为企业的一种主要宣传渠道。与微博相比，微信的优势体现在内容方面，如内容设定追求精准化、排版风格追求美感和精致。因此，企业可通过微信推送具有吸引力的高质量内容，从而激发用户的互动积极性。

从渠道方面看，微信公众号、自媒体、短视频、百度竞价、SEO 优化等宣传方式比较常用，有利于企业从多个渠道触达用户，引起用户的注意。与传统的电视广告、纸媒广告相比，这些宣传方式的传播范围更广，针对的目标群体也更精准。当然，企业依然是在"广撒网"，真正精准的用户还需要通过第二阶段（激发兴趣）进行细致筛选。

7.1.2　激发兴趣：从颜值和体验入手

用户通过移动互联网能找到很多关于产品的信息，会根据自己的需求主动购买心仪的产品。因此，企业要想销售更多产品，就必须与用户建立良好的关系，为用户提供优质的服务，激发用户的兴趣，让用户自愿产生购买行为。

只有让用户对产品感兴趣，他们才会去了解产品，进而对品牌产生记忆。企业建立品牌的目的就是为了让用户注意到自己并对自己的产品感兴趣。既然让用户感兴趣如此重要，那么企业应该如何做呢？企业可以从以下两个方面着手。

1. 颜值

用户容易被美丽的事物吸引，产生多巴胺，从而感到愉悦，这也是为什么企业要用颜值激发用户的兴趣。无论是逛网店还是线下店，好看的衣服总是会首先吸引用户的目光。如果某件衣服足够美观，那么即使价格高一些可能也会让用户自愿购买。

很多用户，尤其是女性用户都对好看的衣服感兴趣，会主动为颜值买单。对于产品来说，颜值不仅体现在外表上，还体现在包装、品质、使用感、品牌文化等各个方面。真正能广泛传播的"爆款"产品，一定是外表赏心悦目，内在实力超群的。除了衣服的颜值以外，网店的产品详情页、快递包装、衣服上的图案、不同衣服的搭配、线下店的装修、销售人员的着装等也要好看，这些都是吸引用户的关键点，值得企业用心设计。

2. 体验

良好的体验可以加深用户对产品的印象，使用户更容易对产品产生兴趣。一些企业总是抱怨产品销售不出去，生意不好做，不妨反思自己是不是将体验做得足够到位。例如，服装品牌迪卡侬（Decathlon）有自己的线下店，其店内除了摆放衣服和鞋子以外，还特意划分了一片区域摆放运动设施，让用户体验运动的乐趣。像这样把产品销售与运动体验融合在一起，能激发用户对产品的兴趣，进而产生购买行为。

企业通过颜值和体验激发了用户的兴趣，接下来就要为其提供实实在在的优惠。如果没有优惠，那么用户可能会因为一时的兴趣而购买产品，但很难一直购买。提供优惠不代表不赚钱，企业可以用副品低价、主品高价的方式获得盈利。例如，用户买了衣服可以免费领取一条围巾；购物满199元可以获得一双精品袜子等。

7.1.3　引导搜索：让消费者主动搜索

用户会根据自己的需求和喜好通过互联网对产品进行搜索，搜索行为体现出用户需求的足迹和数据，企业只有清晰地了解用户的搜索行为，才能规避激烈的竞争。要想从用户的搜索中寻找到有效信息并提高转化率，就需要了解用户搜索背后的意图。用户对产品内容的搜索、访问网站等行为，可以通过热力图、需求图谱以搜索关键字等来表示。

企业需要设置与用户匹配的搜索关键词，将搜索结果以用户喜欢的方式呈现出来。如果企业不对用户的搜索行为进行深入分析，那就很难正确地选择有价值的关键词，也不利于了解搜索行为背后的意图。

搜索产品是用户的主动行为，通过搜索进入产品页面的用户往往对产品有很强的购买意向，这些搜索痕迹显示了用户的需求。企业要明确用户是抱着什么样的需求来的，就需要整合这些搜索痕迹，通过数据对用户的心理进行分析，使挖掘到的内容更有价值，从中探寻到用户的真实想法，从而触发更有效、范围更大的传播工作，吸引用户的关注。

用户一般会通过线上或者线下渠道搜索产品的相关信息，如口碑、评价、价格、试穿效果、质量等。当然，在移动互联网时代，在线上搜索信息会比较便捷，效果也会更好，比较受到用户的推崇。因此，在引导搜索阶段，企业必须做好 SEO 优化，确保自己的品牌词和产品词没有负面评论。与此同时，企业可以引导用户进一步了解产品的特性和优势，如衣服的面料舒适、款式新潮等，这有利于影响用户的购买决策。

7.1.4 刺激行为：增强消费者参与感

用户在收集了足够多的信息后，如果对产品比较满意，那么就会付诸行动，产生购买行为。随着新零售的发展，全渠道概念应运而生，用户不再像以前一样只能到线下店消费，而是可以在任何时间、任何地点通过任何渠道购买产品。这无疑降低了用户的决策门槛。

用户行为体现出他的消费习惯，了解了消费习惯才能为其提供个性化精准服务，品牌的营销活动才能得到更高效的转化率。因此，深入了解用户行为是品牌在打造营销场景时必须做好的功课。

用户在线下店购买产品时，促进成交的环节对销售人员的个人能力有比较高的要求。但现在，销售人员的作用在一定程度上被削弱了。因为在成交前，用户已经收集了大量信息，对某个或者某些产品已经有了偏好，更倾向于自助购物。

在刺激行为方面，凡客诚品（VANCL）做得不错。用户在初次购买凡客诚品的产品时，无论是价格比较高的全棉免烫牛津纺衬衫还是价格适中的经典 T 恤衫，都可以用 68 元购买。这样的信息相信用户已经提前在网上了解了，如果他们有需求，很可能就会选择用更低的价格买质量更有保障的产品，从而成为凡客诚品的用户。

此外，凡客诚品还为用户提供办理发票和无偿退换货服务，希望让用户享受去品牌专卖店购买的信赖感。凡客诚品的愿景是成为我国的无印良品，让用户用更少的钱买到质量好、穿上舒服的服装。这样的愿景容易吸引到更多用户进行多次购买。

当用户在凡客诚品有了多次消费经历后，他们对凡客诚品的不信任感会逐渐消失，取而代之的是对凡客诚品进行不遗余力的宣传。这样有利于优化凡客诚品的品牌形象，巩固其物美价廉的品牌定位，提升产品的销售量。

7.1.5　实现分享：设计分享渠道，实现消费体验的分享

在传播过程中，分享是一个必不可少的环节。好的分享能为品牌带来更多关注，从而提升转化率。在移动互联网时代，微博、微信、小红书、抖音、视频号等非常流行，很多用户都会主动地把自己购买的产品分享在这些平台上。用户的分享行为是新一轮传播的开始，能够吸引其他用户的关注与兴趣。这就是笔者一直倡导的利用用户进行品牌宣传的口碑营销策略。下面以凡客诚品为例对此进行说明。

凡客诚品之所以有现在的成绩，离不开用户的口碑传播，包括用户在购物时的心得分享，以及其在购物后对产品质量和服务体验的看法。现在凡客诚品还在积极探索有价值的口碑营销策略，希望使其与更新的消费形态和更前卫的消费方式契合。

消费行为随着社会的发展在不断变化，人们的消费理念也在发生改变。虽然优质的产品本身就是很好的宣传，但是产品为王的时代已经慢慢过去，产品仅做到产品质量过硬已经不再适用于现在的市场。现在的用户更注重的是产品是否被人分享、推荐——这也是"口碑"营销方式越来越重要的原因。

"口碑营销"不光对于服装行业很重要，其他行业也是如此。例如，在决定是否去一家没吃过的餐厅就餐时，可能会有两种常见的参考方式，第一种就是在大众点评、小红书、微博等平台上查询大众对于这家餐厅的评价；第二种就是询问消费过的朋友来了解就餐体验。这个道理在旅游行业也一样。做好口碑，让用户乐于去分享，会增加品牌的知名度、传播度。——这也是"口碑"营销方式越来越重要的原因。

现在的用户很聪明，你的产品好不好，品牌口碑如何，用户很容易得知。因为在现在的市场环境中，产品种类各种各样，用户对于一个产品的态度并不是非买不可，但是一个好的产品会做到能够让用户愿意购买，买了还愿意去传播、分享。

7.2　抓住机会，借力打力

如何让营销发挥更大的功效，那就是要抓住一切机会，利用热点、名人、节日、节目等能引起话题的事件，借力打力，进一步提升品牌知名度，带来关注。

7.2.1　借热点之力：热点是绝佳的营销加速器

让营销发挥更大效能的一个很好的办法是学会借热点。何谓热点？无外乎就是近期发生，并且具有很大影响力的事件。在营销过程中，热点能够为企企业、品牌、产品带来广泛关注，进一步提升其影响力。

这里所说的热点可以是社会新闻，也可以是娱乐新闻，具体要根据企业所处的领域来决定。例如，专营运动服装品牌的企业可以多关注一些体育界的新闻，并从中寻找热点。在使用热点为营销加速时，企业要多关注权威的带有热点的平台，如微博、今日头条、新榜等。

（1）微博会根据用户对某些话题的点击量形成一个热搜榜单，这个榜单就是热点的来源。另外，微博还有一个非常好的设计——热门微博分类，这样大家就可以根据自身所处领域有针对性地寻找合适的热点，进而节省一大部分时间和精力。

（2）今日头条有一个专门推送热点的栏目，还有一个名为 24 小时热闻的窗口，它们都可以成为企业追踪热点的工具。

（3）新榜的定位是内容创业服务平台，比较适合想通过自媒体，如微信公众号、抖音、视频号等做宣传的企业。新榜包括周榜、月榜等栏目，可以帮助企业更好地掌握整个行业的动态。而且，新榜还可以帮助企业积累素材，让企业借助优质内容宣传品牌和产品。

企业在寻找到合适的热点后，接下来的任务就是利用热点宣传自己，如图 7-1 所示，具体应该从以下三个方面着手。

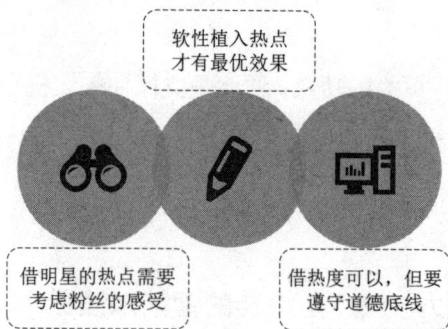

图 7-1　巧借热点应该注意的三个方面

1. 软性植入热点才有最优效果

企业在借热点时，创意非常重要，必须要给用户一种自然、舒适的感觉。如果企业直接做硬性植入，或者选择与自己不合适的热点，那么可能会产生东施效颦的效果。例如，一个专门销售中老年服装的品牌，如果执意要借"国潮"的热点，那么可能很难促进销售，因为中老年用户更看重服装的舒适感和价格，对是否有"国潮"元素也许并不是那么在意。

2. 借明星的热点需要考虑粉丝的感受

之前有两个明星在微博上掀起了骂战，双方各执一词，谁也不肯退让。然后某企业通过自己的官方微博发了一篇文章，文章的大致内容是为其中一位明星说好话。然而，另一位明星的粉丝基础非常强大，该企业没有照顾到这些粉丝的感受，一味地想蹭热点，结果遭到了他们的严重攻击，自身形象也受到了影响，得不偿失。

3. 借热度可以，但要遵守道德底线

所有企业都可以借热度，但绝对不可以不择手段、随意造谣、违背道德底线。企业要想让用户支持自己，首先得优化自己的形象，将自己打造成为一个价值观正向、弘扬正能量的品牌。企业付出的努力其实都是在为自己积累价值，如果仅仅为了一时的热度做出不符合常理的行为，那么肯定会吃亏，失去用户的信任。

其实对于企业来说，利用好热点这个东西，但也不需要过度执着。企业在寻找热点、借热度时，关键之处就在于多实践、多练习、不断试错，这样才能一点点地找到感觉，并持之以恒地坚持下去。

7.2.2　借名人之力：邀请明星作为代言人

随着粉丝经济的不断发展，明星的影响力已经变得越来越大，他们拥有一大批粉丝，平时的行为举止会受到粉丝的密切关注。因此，如果借助明星的力量，邀请明星作为代言人，那么势必会给企业带来不可估量的好处，增强产品的可信度。

例如，衣品天成是一个电商服装品牌，在借名人之力方面做得很不错。它曾经邀请 Angelababy（杨颖）做代言，将其青春甜美、潮流时尚的特点与品牌完美契合，向用户传达"独立且富有正能量"的生活态度。在确定了代言人后，衣品天成又进行社交媒体传播，在微博、微信等平台上发起营销活动，与 Angelababy 的粉丝一起互动。同时，衣品天成还研发了很多与 Angelababy 相关的游戏，投放到微信上，获得近千万的 UV 浏览量。

现在很多企业都像衣品天成这样喜欢找明星做代言，而且还会给产品打上"明星同款"的标签，如某女演员的同款外套、某游戏主播在比赛时

穿的同款鞋子等。这样会使粉丝爱屋及乌，将粉丝对明星的好感和喜爱转移到对品牌的认知上面。

找明星做代言已成为一种十分常见的营销模式，而人气高的明星则更是企业关注的重点群体。但不得不说，找明星做代言是一把"双刃剑"，如果用得好，那就可以锋利无比；如果用得不好，那么企业很可能会沦为明星的陪衬。甚至有些企业因为选择明星不慎，对营销效果起了反作用。因此，如何让明星与品牌相得益彰已成为企业必须深思熟虑的问题。

1. 重视品牌与代言人的契合度

品牌与代言人的契合度越高，用户对品牌的认知越深刻，营销效果越好。例如，李宁、安踏等运动品牌更偏爱运动员或者喜欢运动的明星；而雅戈尔、BOSS男装、劲霸等男装品牌则倾向于找张涵予、靳东等男明星做代言。

2. 营销策略与品牌要统一

营销策略是为品牌和产品服务的，因此，营销主题、场景设置等都应该优先考虑品牌风格和产品定位。例如，不同类型的服装品牌主打方向不同，因此其宣传语、代言人、传播内容、广告方式、推广渠道也应该有所差异，以便吸引更精准的用户。

3. 做好品牌与明星之间的强弱搭配

在营销中，品牌与明星的联合稍有不慎，就会让明星抢了"风头"，从而影响宣传效果和销售转化。这就好像企业找广告公司做广告，结果用户的焦点都放在输出广告的广告公司上。因此，企业不能找与自己的风格相差悬殊的明星做代言，否则营销效果会适得其反，无法很好地展示出品牌的魅力和优势。

综上所述，企业要想让营销有更好的效果，选择与品牌契合度高的明星做代言固然十分重要，但品牌风格、产品定位、宣传手法与营销策略的统一也不可忽视。企业将这些工作做好，不仅会让用户趋之若鹜，还会使自己的形象得到进一步优化。

7.2.3　借节日之力：每个节日都是精彩的营销主题

每年都会有很多节日，企业绝对不可以放过这样的绝佳机会，必须提前做准备，在创意、曝光、玩法、效果等各个方面进行设计，目的就是要成为营销战役中的胜利者。营销活动与节日相结合更能够引人注目，也更容易被新粉丝认可和接受。

24 节气、端午节、国庆节、春节等各种节日都可以是开展营销活动的主题。例如，企业可以在母亲节前夕开展一次主题为"母亲节快到了，为母亲准备一份贴心礼物"的邀请有礼活动，这样与节日相结合的邀请活动容易引发用户的共鸣。

一个成功的案例就是某企业在每年 11 月 11 日前后集合各种营销模式，联合电商平台和社交媒体对自己的网店和线下店铺进行大范围、集中化的推广。通过这种方式，该企业的销售额逐年攀升，其主推款服装更是受到广大用户的追捧，值得其他企业学习和借鉴。

节日本身具有仪式感，能够聚集很多流量，而且与节日相关的文化与情感极易引发共鸣，这些对于企业开展营销活动是十分有利的。此外，在节日期间，各大企业都会开展与节日相关的营销活动。因此，企业在借节日之力开展营销活动时，要突出营销活动的创意，吸引更多用户的目光。也就是说，如果企业不想在节日期间获得"品牌沉没"的结果，那么在打造品牌的前期阶段就要走自己的路，坚持"花小钱赢大曝光"的原则。

7.2.4　借节目之力：赞助综艺节目，增加曝光度

企业选择与热度比较高的节目合作，通过冠名节目来提升知名度也是营销传播的方法之一。但是，这种方法需要企业在选择合作节目时慎重一些，因为在内容为王的时代，单纯的冠名、捆绑节目很可能让营销传播的效果大打折扣。企业只有让品牌与冠名的节目建立起强联系才能向用户传递品牌理念，为品牌打造良好的口碑。

在看过很多企业冠名不同的节目后，有一个企业在节目的选择上非常成功，那就是海澜之家。海澜之家是男装领域的领导品牌，其基于对自身定位的清晰认知，侧重于合作知名度高、粉丝基数大，且与品牌理念相契合的节目。

海澜之家通过数据分析，结合用户的需求，重点选择了央视及一线卫视平台的节目合作，并与这些节目建立了强关联，将品牌理念植入自己冠名的节目中。例如，海澜之家赞助了 2021 年央视春晚，为数千名表演人员提供服装，如图 7-2 所示。

图 7-2　海澜之家赞助 2021 年央视春晚

海澜之家凭借在节目中高频次出现，对产品的内涵做出了衍生创意，让自己的品牌主张深入人心，很好地传达了品牌理念，强化了受众对品牌的认知，将节目的粉丝受众转化为自己的消费群体，促进了销售增长和品牌传播。

　　海澜之家根据消费形式把握当下节目营销的绝佳时机，而且不随波逐流，在选择合作节目时十分谨慎，变革了之前那种生搬硬套的冠名方式，而是以内容为王，选择符合品牌理念的节目冠名，将产品的内涵深度植入，与节目合二为一，向广大粉丝展示了自己的企业形象，促进了受众的转化，拉动产品销量的增长和品牌的大面积宣传。

　　在产品同质化的激烈竞争环境中，企业为节目冠名和赞助的营销方式已经不再新鲜。在碎片化时代，受众的注意力在一定程度上被稀释，企业如果只是选择热门节目加以冠名，而不注重在内容上与节目建立起强联系，那就很可能会被受众忽视，造成营销投入的浪费。

第 8 章

短视频账号运营：丰富线上营销渠道

经历了微博营销、微信营销、朋友圈营销后，互联网又迎来了短视频营销，短视频内容的形象性和丰富性为企业向用户传递品牌信息提供了便利，用户也越来越接受视频化的表达方式，短视频营销门槛低、内容多元，能够满足品牌的营销需求。

8.1　选择合适的短视频平台

一些运营者可能会遇到这样的情况：短视频的内容十分精良，但视频的观看率、点击量却不高，而许多质量低下的视频却能够获得更多观众的关注，这让许多运营者感到力不从心。运营者需要对不同的短视频平台进行调研，了解各平台短视频发布的规则，选择合适的平台进行多渠道发布。短视频发布后，运营者也需要对各渠道的数据进行监控，以此为依据进行短视频的优化和渠道发布的优化。

8.1.1　调研分析各大短视频平台特色

自媒体与短视频的普及催生出一大批短视频平台，但各短视频平台的用户流量、平台功能、用户素质与用户基数却各有差异，针对目前形形色色的短视频平台，如何进行选择，如何将自身优势在相应平台中最大化，是运营者必须思考的一个重要问题。

企业应该对各大短视频平台进行调研，根据调研结果选择与目标群体一致的短视频平台进行投放。这样可以更高效地将短视频平台的用户转化为账号的粉丝。

不同的短视频平台各有特色，大致分为独立平台与综合平台两种。独立平台是指专门以短视频为核心卖点的平台，而综合平台则是指包含多种功能其中兼有短视频内容的平台。这两种平台都各有各的优势。

独立平台虽然社交属性较弱，但是有喜欢各种短视频类型的用户群体，如果选取这样的平台，短视频能够快速吸引到目标用户群体。综合平台往往不是以短视频业务为主，但是由于其社交功能强大，用户群体也较为庞大，如果短视频在综合平台中获得认可，众多的转发会迅速为短视频积累人气。

用户基础比较强的包括抖音、快手、秒拍、美拍、火山小视频、视频号、今日头条、微博、哔哩哔哩等。

其中，抖音、快手、秒拍、火山小视频、视频号等属于独立平台。抖音用户大多是一些 90 后或者 00 后，他们普遍喜欢有个性的、展示自我的视频；秒拍和美拍的用户大多是一些喜欢与他人分享自己生活的年轻女性，她们普遍喜欢时尚类视频；快手、火山小视频的用户比较类似，大多喜欢更接地气、社交性更强的视频。

今日头条、微博、哔哩哔哩属于综合平台，具有非常强的包容性。它们具备操作简单、信息传播速度快的特点。在这类平台上，一旦某个视频引爆了热点，就会被多次转载，获得高播放量。因此，企业可以将产品与热点融合在视频中，将平台的用户变为自己的用户。

独立平台与综合平台各有特色，企业可以根据视频的内容和特点、品牌的定位与风格进行选择。例如，如果品牌的定位是为喜欢潮流、时尚的女性提供高品质服装，那么就可以选择秒拍或者美拍投放视频。当然，如果企业有条件，那么也可以采用独立平台与综合平台共同发布视频的模式，让两种平台之间的优点可以互补，使产品宣传触达更多用户。

8.1.2　明确各大短视频渠道规则

企业在选定了视频发布渠道后一定要注意其规则。不同的短视频平台根据自身的特点制定了相应的规则，除了最基本的不能违反国家法律法规，禁止投放淫秽色情类视频等规则以外，还有其他需要注意的地方，企业在营销过程中应该对此引起注意。

各大短视频平台根据规则可分为内容型短视频平台与产品型短视频平台两类。

内容型短视频平台以美拍、哔哩哔哩为代表，其规则一般要求作品必须有自己的独特内容，在视频内不能售卖东西，也不能够在简介里出现产品购买地址等。这类平台注重的是内容本身，吸引到的目标群体也是注重内容的。而产品型短视频平台则不然，该类平台以抖音、淘宝为代表，企业可以在上面直接售卖产品，但是也要遵从一定的规则。以抖音为例，在抖音上发布短视频需遵守以下规则。

（1）短视频必须为原创作品，不得盗用他人作品，冒名顶替他人。

（2）保证短视频时长，短视频需超过 7 秒，每条短视频最长时长为 5 分钟。

（3）每天发布短视频的上限为 5 个。

（4）不得有其他短视频平台的水印、贴纸等。

不同的平台发布短视频的规则不同，在短视频时长及每日发布上限方面的规定也各有差异，运营者在发布短视频前需要详细了解不同平台的发布规则。

除了视频发布规则以外，短视频平台的分成补贴规则也不同。为了能够留住更多优秀的团队，现在很多短视频平台都会与视频发布者签订合同，给予其一定的补贴。这种合同一般会要求视频发布者在此平台上独家发布视频，否则会被追责。

企业要想让自己的产品得到有效推广，视频的内容就必须健康、积极向上，严格遵守短视频平台的规则。也许内容不规范的视频可以在短时间内为企业带来人气，但那只是人们的猎奇心理所导致的并不持久的现象。长此以往，营销效果只会越来越差，账号也变得"死气沉沉"。而且，如果因为视频违规导致账号被封，那么对于企业而言简直是得不偿失。

8.1.3　有取舍地选择多渠道分发

前面已经说过，发布视频不一定要局限在某一个短视频平台上。在不违反规则的情况下，企业可以在多个渠道共同发布视频，在不同的短视频平台上同时聚拢人气。这样有利于快速积累粉丝。但是，发布的渠道也不是越多越好，企业在选择时应该有一定的取舍。在多渠道发布短视频时，运营者需注意以下要点，如图 8-1 所示。

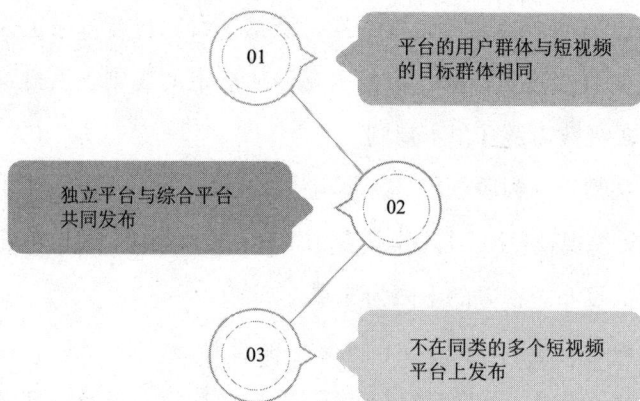

01　平台的用户群体与短视频的目标群体相同

独立平台与综合平台共同发布　02

03　不在同类的多个短视频平台上发布

图 8-1　多渠道发布视频要点

（1）平台的用户群体与短视频的目标群体相同

在选择短视频发布平台时，运营者需要选择那些用户群体与短视频的目标群体相同的平台，并以此分析出与短视频最契合的平台作为短视频的首发平台。根据短视频的定位与目标群体谨慎选择首发平台，可以为短视频账号营造出一个好的口碑，也可以更好地吸引粉丝。

（2）独立平台与综合平台共同发布

独立平台与综合平台的用户构成有很大区别，视频在这两类平台上共同发布可以起到有效的互补作用。例如，在独立平台上吸引用户观看的同时，企业还可以在综合平台上依靠极快的传播速度不断扩大目标群体，使视频不断翻新，保持新鲜度。

（3）不在同类的多个短视频平台上发布

很多企业认为视频如果想受到更多的关注，应该在所有目标群体相同的短视频平台上发布。其实这种想法是存在一定问题的。同类短视频平台之间存在竞争关系，其所竞争的内容就是优秀、有吸引力的作品。因为只有这样的作品才可以保证其生命力。

视频能否被大家喜欢一方面是依靠其本身的质量和团队的运营，但另一方面也依靠短视频平台的推广。如果企业在多个同类短视频平台上同时发布视频，那么很可能因为粉丝过于分散，很难得到短视频平台的重视，无法让视频被推上热门。

总之，运营者应有取舍地选择短视频发布渠道，可选择某一发布平台作为发布短视频的主阵地，再通过其他社交平台、网站等引流，以便更好地聚集粉丝。

8.2　短视频策划：有颜值，有内涵

短视频的内容是整条视频的灵魂，它的内容非常广泛，包括娱乐、美食、音乐、家装、技巧等，并且还在不断向多元化领域扩展。不管是做哪个领域的短视频，既要素材生动、有内涵，又要把主题表达好，怎么才能让最多一分钟的视频吸引更多的人呢？

8.2.1　确定主题：为视频奠定合适的基调

视频的主题会确立其主基调。企业应该为视频选择合适的主题，对视

频进行精准定位，从而更好地吸引目标用户的关注。一个视频的主题不是随随便便就可以确定的，通常要经过团队的精心策划，这样才不会产生定位错误的情况。

下面介绍如何才能确定视频的主题，如图 8-2 所示。

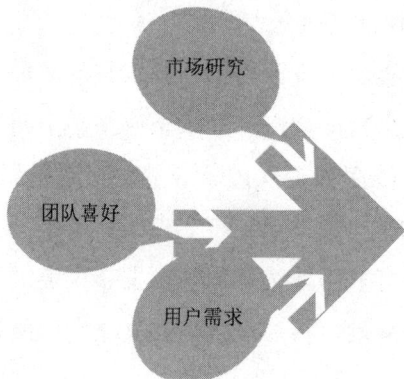

图 8-2　确定视频的主题

1. 进行市场研究

企业在确定视频的主题前首先要进行市场研究。能够在网上受到用户欢迎的视频一定有其独特之处，企业应该对这样的视频进行反复观看，找出其亮点并加以记录，从而了解当下的市场需求，避免选择冷门主题。

不同的平台有不同的特点，企业需要对各类平台分别加以调查与研究，将自己得到的数据制成图表进行对比分类，根据目标用户的喜好选出其中的最优主题。这样才能保证视频成品可以吸引到用户的注意。

2. 考虑团队喜好

团队的喜好也是企业需要重点考量的因素之一。当团队喜爱一件事时，就会对这件事有更多、更深入的了解，于是在自己的知识储备库中积累了大量素材，从而在制作与主题相关的视频时就能设计出更好的情节和内容。企业如果要求团队选择一个之前从未涉猎过的主题，那么最终的成品很可能会因为了解不足而出现漏洞。这样会使用户在观看视频后怀疑团队的专业度，对企业留下不好的印象。

3. 关注用户需求

视频最终还是要面向用户进行宣传与推广的，能够得到用户的认可，与主题的选择有着很大关系。视频的主题必须满足用户的需求。这样才能使用户有观看视频的欲望，从而产生流量。用户的需求需要企业进行前期调研。此类调研需要较庞大的数据来得出确切的结果，每个数据都必须保证真实、有效，这样才能避免结果产生偏差。企业在进行数据处理时要使用科学的方法，以便在保证正确率的基础上提升效率，减少不必要的时间与资源浪费。

在确定视频主题后，企业还要注意把握最终成品的时长。时长较短的视频更容易受到用户欢迎，因为其方便用户在的碎片化的时间里观看。这就要求视频的时长不能太长，否则就会失去市场竞争力。但是，视频也不能太短，过短的视频很难表达出企业的全部意图，难以真正让用户理解和认可品牌。

8.2.2 完善细节：首图、标签、介绍多管齐下

首图是指视频的首页封面，几乎所有短视频平台的首图都是企业自行按照规定的尺寸选择的。人们在首页浏览视频时，为每个视频停留的时间只有短短几秒，首图选择的好与坏会影响观众对短视频的印象。因此，为了体现视频的吸引力，首图与内容之间必须具备关联性，让人们对视频的内容有一个大致了解。

调动人们的好奇心是一个非常有效的吸引人的方法，可以大大提高人们对视频的关注度。例如，企业可以在首图上添加夸张的人物表情、动作等，或者也可以直接添加新设计出来的样式好看的服装。这样不仅有利于引起人们的观看欲望，还可以促进产品销售。

除了首图以外，标签也很重要。在当今的社交网络中，标签化似乎已经逐渐成为一种趋势，不仅人物会标签化，事件、地域、产品也纷纷被标签化了，视频自然也不例外。企业应该如何选好标签，制造记忆点？有两点需要注意：首先，选取的标签要易于搜索，有利于帮助视频增加曝光，从而快速积累人气；其次，标签要有特色，与众不同的标签可以制造记忆点，从而将视频与这个标签画等号，加深人们对视频的印象。

视频的介绍需要让人们快速了解视频的内容，尽量要写得足够有吸引力。在这方面，企业要了解人们的需求，并在介绍中突出这个需求，以引起人们的共鸣。同时，介绍还要尽量简短，越简短的介绍越利于人们阅读。企业在为介绍打好草稿后应该对其进行删减，留下最简单、最击中人心的要点部分即可。

此外，介绍的风格也要与视频的内容相符。例如，如果是搞笑类视频，那么介绍应该写得轻松、幽默；如果是服装试穿类视频，那么介绍应该严谨一些，以获取人们的信任。与内容相符的介绍可以让人们在观看视频前就进入特定氛围，有利于让人们感同身受。

视频的首图、标签、介绍都能够带给人们更直观的感受。为了能让人们对视频产生观看欲望，企业在对首图、标签、介绍进行设计时要抓住人们的需求，尽量使其贴合品牌定位，这样才能加深人们对视频的印象，让视频有更好的传播效果。

8.2.3　打造个性：融入价值情感，提升趣味性

视频内容可以反映出企业的价值观，而这个价值观是否能够与用户的想法一致，是企业能否获得用户认同的重要因素。视频内容如果想更好地打动用户，使其产生共鸣，那么企业可以在其中融入价值情感，使内容本身富有深意，从而引发用户的思考。

那么，企业应该怎样将价值情感巧妙地融入视频呢？图 8-3 展示了企业在塑造视频的价值情感时需要注意的三个问题。

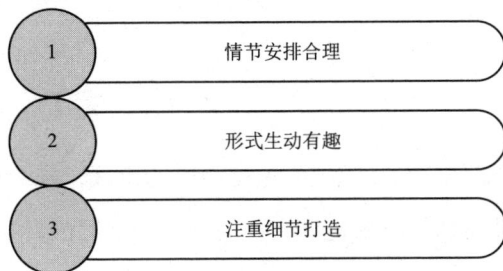

图 8-3　视频融入价值情感的注意事项

1. 情节安排合理

视频作为表达想法的一种作品，必须符合一般作品的基本要求，那就是情节符合逻辑。有些视频为了将企业的价值观融入其中，强行推动剧情走向，人物的许多行为都不符合用户的常识性认知。这样会使用户感到视频是虚假的，从而无法将情感投射到其中。

企业想要通过视频表达价值观，并让用户产生共鸣，内容的真实性非常重要。只有符合逻辑地表现出贴近用户真实生活的情节，才能够使用户真正感到触动，从而才会让用户深入思考视频究竟想要表达的主题。

2. 形式生动有趣

有些企业认为表达价值观的视频必须非常严肃，于是就在视频的最后安排一段内容，专门对价值观进行阐述。其实这是一个误区，因为价值观本身虽然是严肃的，但其表现形式可以是多种多样的。企业应该通过不同的方法对品牌想要传递的价值观进行表达，从而使品牌更好地被用户接受，推广用户购买产品。

品牌的价值观可通过整个情节的走向来表现，企业可以适当使用一些夸张的搞笑手法，生动形象地将品牌传达给用户。这样可以使用户在笑过后陷入思考，体会视频的真正价值，让整个过程更自然，容易被用户接受。并不是搞笑的内容就不会令用户感动，重要的还是其深层次的含义能够引起用户的共鸣。

3. 注重细节打造

都说"细节决定成败"，短视频也是同样的道理，两个短视频使用相同的故事大纲，但是收到的效果也许会不同，它们之间的真正区别在于细节。如果主题是树干，框架是树枝，细节是树叶，我们可以用树叶来判断树是否健康。细节可以增强观众的表现感，调动观众的情绪，使人物更加丰满，细节也是调动观众情绪的重要枝干。

很多视频与同类视频相比不具备很强的竞争力，就是因为内容太过普通，即使融入价值情感，也会让用户看过即忘，不会引发其思考。这样的视频很难在用户的心中留下印象。为了避免这个局面的产生，企业可以注重打造内容的细节，从细节处入手，让用户在看过视频后觉得有新意。避免千篇一律的内容让用户产生审美疲劳。

视频中无论是人物的穿着动作，还是背景安排，都能够成为体现价值观及情感的途径。例如，一个名为"妈妈的等待"的视频就是通过对母亲手部的细微动作进行展示，来表现母亲对孩子到来的期盼。由于这个细节非常贴近生活，很容易让用户联想到自己的母亲，从而使其产生了共情心理，对品牌塑造也起到加持作用。

第 9 章

直播带货：快速转化的暴力玩法

随着直播的不断发展，直播带货作为新兴销售模式迅速崛起。越来越多的企业、主播加入到直播带货的队伍中，用户也更愿意通过直播的方式进行消费。在直播带货火热发展的情况下，大家应该了解与其相关的各种玩法，进一步推动消费转化。

9.1　直播流程设计：预告＋直播＋售后

直播是移动互联网时代的新爆发点，降低了传统企业的销售成本、提升了销售效率。直播离不开流量支持，但流量不等于销量。一些企业邀请主播卖力推荐也难以提升产品的销售量，而有些企业只要主播一声令下便能够引发用户抢购产品的热潮。原因是后者掌握了直播流程的关键，对各个环节进行了精心设计，包括直播预告、直播主题、售后服务等。

9.1.1　多渠道宣传预热：企业官网＋社交平台＋线下店

企业要想让更多用户看到自己的直播，就应该通过多渠道进行宣传预热。企业官网、社交平台及线下店都是主播进行直播宣传预热的重要渠道。多渠道宣传预热能够让更多用户了解直播信息，也能够为直播销售营造良好的氛围，激发用户的购物热情。

1. 企业官网

企业官网是用户了解产品的最佳途径，许多用户在购买产品前都会到企业官网对产品进行了解。企业官网拥有新闻发布、口碑营销、产品展示等功能，是企业面向社会的重要窗口。因此，企业在通过直播推广和销售产品时可以利用企业官网进行宣传预热。

一些用户可能不关注直播，但会通过企业官网关注自己心仪的品牌。

企业通过企业官网对直播进行宣传预热，能够吸引用户前来观看直播。例如，某服装品牌在淘宝做直播，主播以首席体验官的身份体验并宣传新款连衣裙。

在直播之前，为了吸引更多用户观看直播，企业在自己的官网上发布了直播预告。一些以前不关注直播，但是关注该企业的用户通过官网上的直播预告了解到新款连衣裙的直播信息，在直播当天纷纷进入主播的直播间购买这款连衣裙。

用户进入企业官网，就意味着想要了解这个品牌，对该品牌的产品产生了消费需求。企业官网会销售产品，但产品价格没有优势。而企业在与主播合作时，会给予主播一定的优惠，主播也可以用相对优惠的价格吸引用户购买产品。对于追求实惠的用户而言，当其进入某品牌的企业官网准备购买产品时，如果能够看到该品牌合作的主播的直播预告，那么其一定愿意在主播的直播间以更优惠的价格购买产品。

同时，当品牌与主播进行合作时，有一些用户可能会因为直播间产品的价格低于官网的价格而对主播推荐的产品产生怀疑。如果企业将直播预告发布在企业官网上，表明主品牌与主播合作的真实性，能够很好地打消用户对产品的怀疑。

总之，在企业官网上进行宣传预热不仅能够吸引更多用户关注直播，还能够借企业官网证明产品的真实性，赢得用户的信任。

2. 社交平台

随着移动互联网的快速发展，用户与各种社交平台的联系也越来越紧密。人们会用 QQ、微信等沟通工作，用微博、豆瓣等了解时事及发表看法等。很多用户都把自己的闲暇时间贡献给了社交平台。企业则要抓住这一点，多在社交平台上对直播进行宣传预热。

（1）企业可以在微信上通过多种方式发布直播预告。例如，企业可通过朋友圈推送直播预告，并设置转发福利："转发此条信息至朋友圈中，可凭截图领取 10 元代金券。"这样可通过用户转发朋友圈实现直播宣传。此外，企业也可通过微信公众号发布直播预告，将直播间的链接放在微信公众号中，让用户能够更便捷地进入直播间。

（2）企业可以在微博上发布直播预告。微博上的热点层出不穷，为了让更多人看到直播预告，企业可通过转发抽奖的方式引导用户转发微博，如设置"转发、评论本微博，晚上 8 点抽取 3 人送出手绘纯棉短袖 T 恤衫"。这种活动可以充分调动用户转发微博的积极性，而且微博的曝光率要远大于朋友圈的曝光率。企业积极引导用户转发直播预告，可以增加直播的曝光度，进而在开播时获得更多关注。

（3）微博、微信大 V 的付费宣传。微博、微信大 V 有庞大的粉丝群体，企业可以借助他们的影响力为自己的直播做宣传，获得更高的转化率。因此，企业不妨以付费的方式请微博、微信大 V 为直播做宣传，借助其知名度使直播获得更多关注。

3. 线下店

当企业拥有线下店或者与拥有线下店的品牌商合作时，可以把直播预告放到线下店内。有些习惯于在线下店购物的用户可能没有接触过直播购物，但其对产品是有需求的，极有可能成为直播间的粉丝。因此，企业要吸引这部分用户关注自己的直播。

在利用线下店为直播做宣传时，企业可以从两个方面入手。首先，企业可以在实体店的店外设置包含直播信息的展板，将直播的重点内容突出在展板上，如直播平台、直播间的房间号、直播时间及直播中的惊喜福利等。展板可以长期设置，来店内购物或者路过的用户都可能会因多次看到直播预告而对直播产生好奇心，从而点进直播间观看。

其次，企业可以把直播预告做成宣传单，发放给用户，也可以叮嘱店员在用户结账时向用户介绍主播的直播信息："您好，我们为了回馈新老用户，将在今晚于某某平台开启直播，直播间中的产品更低价。"对于追求实惠的用户而言，他们在听到产品的价格更低时一定会按捺不住好奇心去观看直播，也可能会购买自己需要的产品。

9.1.2　直播主题规划：尽量与热点结合

在信息爆炸的时代，用户每天都会接触到大量信息。在纷繁复杂的信息中，只有时下热点才能够抓住更多用户的目光。因此，为了吸引更多用户的关注，直播主题需要与时下热点结合，这是企业让直播更受欢迎的重要法宝。

直播主题与时下热点结合能够增加企业的曝光度，为直播引流。同时，与时下热点结合的直播主题能够吸引大量用户的目光。而用户对直播的讨论和分享也会提高直播的曝光度，进而吸引更多人来关注和观看直播。

那么，企业应该如何结合热点规划直播主题呢？很多时候，热点来得快，去得也快，要想借助热点吸引用户关注，维持直播热度，企业就需要对热点进行深入挖掘。

首先，每个热点背后都有一些重点内容，企业在利用时下热点时要总结热点背后隐藏的"干货"；其次，企业要将热点与直播结合，使其成为直播的亮点；最后，即使热点的讨论热潮已过去，但这件事对人们造成的影响仍会持续一段时间，因此企业要充分利用这段后续影响期开发热点的周边事件，为直播实现二次引流。

虽然结合热点规划直播主题会给企业带来很多好处，但企业也要选择合适的热点与自己的直播相结合。如果热点与产品和品牌的相关度不高，或者主播将二者结合得不恰当，那就会让用户认为是在"蹭热度"，这对于直播宣传和产品销售而言都是十分不利的。

除了将热点与直播主题结合以外，企业在规划直播主题时还需要做到以下三个方面，如图 9-1 所示。

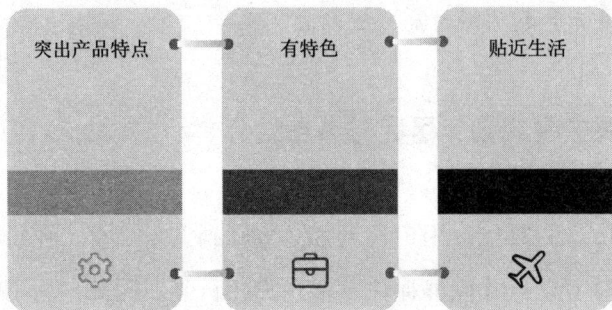

图 9-1　规划直播主题的三个要点

（1）突出产品特点

企业在规划直播主题时要突出产品特点。例如，企业在推销防晒衫时就可以从"防晒能力强""长时间持久防晒""样式新颖""颜色多"等特点规划直播主题。

（2）有特色

企业需要从多个角度思考直播主题，展现直播的特色。例如，在宣传自己的网店和衣服时，网店店主周丽丽别出心裁地选择了讲解如何将女装穿搭技巧作为直播主题。这一主题带给了用户新鲜感，吸引了大批用户观看直播。在直播中，她展示了很多套穿搭，包括上衣、外套、裤子、鞋子、配饰等。她讲解的穿搭技巧吸引了很多用户关注。

有些用户在观看直播的过程中觉得周丽丽对女装穿搭很有自己的想法，于是纷纷下单，购买她销售的衣服。虽然她没有直接推销自己的衣服，但讲解穿搭技巧过程就是对衣服的一个很好的宣传，衣服的销量也因此提高，令直播取得了很好的效果。

（3）贴近生活

很多用户观看直播是因为直播具有实时性，而且内容也大多和他们的生活相关。因此，直播主题应贴近生活，例如，主播可以在直播中试穿衣服，或者在直播中介绍衣服适合在什么场合穿。这样可以激发用户的购物欲望，使直播主题贯穿直播始终。

9.1.3　直播内容规划：活动＋发放福利

如何规划直播内容才能够刺激用户下单？企业要明确用户的需求，注重用户的观看体验、强化用户对产品的记忆，同时也要激发用户对产品的想象力。要想实现这样的目标，企业可以组织活动，为用户发放福利。

直播带货的受众是用户，目的是推销产品。为了提高产品的销量，企业有必要以满足用户的需求为中心开展各种福利活动。企业可以产品为中心发放福利，如发放产品优惠券、买一送一等，也可以通过抽奖的方式让利，吸引用户购买产品，增强用户的黏性。

产品的优点能够展示产品的价值，而产品的优惠能够塑造出产品的高性价比。因此，在直播过程中，主播可以多次提醒用户购买产品能享受的优惠，如"现在下单享 9 折优惠""本件牛仔外套 8 折促销"等。对产品的优惠进行多次提醒能够强化用户对产品高性价比的认知，从而激发用户的购物欲望，引发购买行为。

例如，主播小梦在直播中介绍完一款女士长袖衬衫后，不仅发放了该产品的 10 元优惠券，也发放了网店和线下店的满减优惠券。此外，小梦又向直播间的用户表明了领取优惠券的规则，即用户邀请一位好友进入直播间后就可以获得额外的优惠券。在这次直播中，小梦发放了不同类型的优惠券，产品的销售额也因此比平时上涨了 50%，这让小梦十分高兴。

通过组织活动、发放福利的方式进行直播营销不会产生很高的成本，而且这种方式对应的群体是直播间的用户，可以实现精准投放，使用户在产品介绍和优惠福利的双重吸引下更容易产生消费行为，将产品推销给更多用户。

9.1.4　完善售后服务：及时发货＋问题处理

主播在展示完产品后要及时讲明产品的售后服务，打消用户的后顾之忧，吸引更多用户主动下单。例如，某主播在直播间推销一款新型跑鞋，该跑鞋减震效果不错，透气性强，价格也十分划算，而且在直播间下单还有精美礼品相送，但用户的热情并不高。

对于这样的现象，主播感到有些疑惑，这时他注意到弹幕中有很多用户都在询问跑鞋的售后问题，于是连忙说道："除了上述福利以外，这款跑鞋的售后服务也十分有保障。凡是现在下单的朋友，都可以享受一个月内保修，出现断底、坏面等情况三个月内包换的服务。"

经过这番补充，许多之前对售后服务不明确的用户纷纷下单购买，最终使这款跑鞋获得了不俗的销量。可见，在介绍产品的过程中，讲明产品的售后服务十分重要。许多产品都有无条件退换等售后服务，主播要在直播时讲明这一点，促使用户消除疑虑，快速下单。

除了在直播中讲明售后服务以外，企业也要切实做好售后服务工作，及时处理用户反馈的售后问题，包括产品及赠品发错、产品优惠价格与活动规则不符、产品存在质量问题等。

如果售后问题是由于主播失误造成的，则企业要及时改正失误并对用户做出补偿；如果售后问题是由于用户对活动规则存在误解导致的，则企业需要及时对用户讲明活动规则，消除误解。此外，企业也要与用户保持长期沟通，询问其对售后服务的意见或建议，根据其反馈不断完善售后服务，进一步优化自己的品牌形象。

9.2　直播促销：激活直播间气氛，促进转化

如何促进产品销售？如何让产品供不应求？企业需要掌握各种直播促销法则，结合特殊的日子、当下时事与热点、时令变化等开展各种促销活动，全力激发用户的购物热情。在直播促销方面，企业可以使用纪念式促销、借势促销、时令促销、限定式促销等技巧。

9.2.1　纪念式促销：节假日 + 周年纪念

纪念式促销是在直播中开展促销活动的重要方法。在节假日、纪念日等重要的日子里，用户的购物需求会空前高涨，如果企业在此时积极开展各种促销活动，则可以促进产品销售。企业还可以设立会员日、制定特定周期，为用户购买产品制造一个理由。

1. 节假日：情侣款 T 恤衫，情人节 5.2 折

在节假日，用户对于特定产品的消费需求会空前高涨，如用户会在母亲节购买鲜花、在中秋节购买月饼等。如果企业在节假日用好、用对促销方式，那就能够进一步激发用户的消费热情，提高产品的销售量。

2022 年情人节前夕，小刘在直播间开展了"情侣款 T 恤衫，情人节 5.2 折"的促销优惠活动。尽管 T 恤衫的快递费用不低，但自从促销活动开展以来，已经有不少用户在小刘的直播间里下单。在情人节当天，T 恤衫的销

量达到平日的 8 倍。

如此划算的优惠活动当然会打动不少用户。小刘在直播间告诉用户："我们针对情人节特别推出了个性化的 5.2 折情侣款 T 恤衫。这款 T 恤衫原价为 299 元 / 两件，现价只要 156 元两件，还有多种颜色供大家选择，而且设计感强，强调了'我爱你'的主题。"

在介绍完产品后，小刘还表示，如果用户在直播间里下单，那么网店会第一时间发货。此外，如有用户有备注，那么网店也会提供免费贺卡，并按照用户的要求填写祝福话语。这样的贴心服务可以很好地打动用户，使用户尽快下单。

节假日促销是常见的促销方式，以突出纪念性为主要特征，即在特殊的日子给用户特殊的优惠或者权益。企业在节假日开展促销活动能够使品牌得到更广泛的传播，而且还可以提高产品的销售量，扩大直播间的影响力和知名度。

2. 纪念日：生日期间消费有好礼相送

为过生日的用户免单、赠送小礼物等是常见的纪念日促销手段。在用户生日当天进行促销活动能够为用户带来不一样的消费体验，让用户感觉到自己是幸运的、是被重视的。例如，主播可以在用户生日当天为其发放优惠券并附上生日祝福。用户在收到优惠券后会感到温馨，也能感到主播的用心。为了体现自己的用心，主播在为用户发放优惠券时一定要考虑到用户的偏好，为其制定个性化的促销方案。

纪念日促销是针对用户纪念日当天的活动，但有些用户不一定事前知道有此优惠。所以，企业要在用户首次消费后主动了解其生日、结婚纪念日等信息，提前告知其纪念日的促销活动。主播也可以在直播间张贴温馨提示，让用户知道该直播间提供纪念日优惠。

在用户纪念日前夕，企业除了要提前告知用户直播间的纪念日活动以外，还要为活动做好准备。例如，企业可以提前向用户发放纪念日的优惠券，事先准备好赠送用户的礼物等，还要核实优惠券是否准确、是否具有针对性。

符合用户需求的优惠券和礼物才更容易获得用户的欢心，激发用户的消费行为。例如，企业可以为用户准备个人定制款服装等富有创意的礼物，这样不仅能够推广直播间，也能够显示出主播的诚意，增强用户对主播间的黏性。

3.特定周期：每周一上新，新品8折优惠

除了节假日、纪念日以外，企业还可以根据直播间的实际情况设置特定的促销周期，如"每周一上新，新品8折优惠""每周日特价，全场9折"等。特定周期的促销活动符合用户追求实惠的心理，能够产生不错的效果，促进销售额的提升。

林女士在某主播的直播间里看中了一条背带裙，由于临时有事，没有立即下单，只是将这条背带裙加入购物车。到了第二天上午，林女士再次打开该主播的直播间，却无意间发现该主播在推销刚刚上架的新款产品，其中有一款欧根纱连衣裙十分漂亮，而且还有8折优惠。于是，林女士放弃了之前选择的背带裙，购买了一件刚刚上架的欧根纱连衣裙。

原来，该主播的直播间会在每周一9：00准时上新，而且新款产品会有8折促销优惠。"每周一上新，新品8折"是该主播在直播间张贴的促销口号，意在提醒用户把握促销良机，欲购从速。这是特定周期促销的常见案例。

企业在进行促销时需要掌握一定的方法，并不是定期上新进行促销就一定能够吸引用户。企业要确定主推款新品，同时要持续开展如每周上新的特定周期促销活动，打造更多爆款产品，以保持直播间的吸引力。

9.2.2　借势促销：借时事 + 借主题

借势促销的核心是四两拨千斤，以更低的成本达到更好的效果。借时事和借主题进行促销都是十分有效的促销手段，能够帮助企业更好地销售产品。

1. 借时事

借势促销是企业借用某些时事热点，将产品融入事件环境中，以便促成产品销售的促销手段。在借用时事热点进行促销时，企业要选择用户喜闻乐见的时事热点，包括娱乐类、节日类、赛事类、行业类等。不同的时事热点通常会有不同的注意要点，如图 9-2 所示。

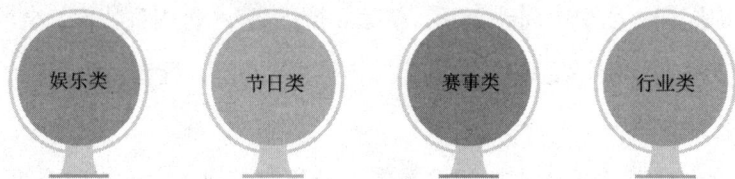

图 9-2　借势促销的营销要点

（1）娱乐类

娱乐八卦、明星趣事等社会新闻是很多人关注的热点，将娱乐类时事与促销活动相结合，会给直播间带来更多流量。但是，企业在利用娱乐类热点进行促销时也要分析娱乐时事与自己的产品是否匹配。需要注意的是，许多娱乐热点都具有不确定性，因此要想借娱乐热点进行促销，企业必须做好前期调研，对借势促销的风险进行分析。

（2）节日类

节日本身具有仪式感，能够吸引大量流量，节日的文化与情感极易引发共鸣，这些对于企业开展促销活动都是十分有利的。此外，在节日期间，很多企业都会在直播间开展与节日相关的促销活动。因此，促销活动要有创意，以便吸引更多用户的目光。

（3）赛事类

赛事类热点多为体育竞技类传递的热点信息，比较适用于 361°、李宁、鸿星尔克等运动品牌。例如，傅园慧曾经在奥运会上讲出"洪荒之力"一词，语出惊人，成了当年一个非常受关注的运动员。于是，一些运动品牌就借助这个热点顺势推出自己的产品或者广告语。

（4）行业类

行业类热点是十分常见的，淘宝"双 11"购物狂欢节、京东"618"购物节等都是电商行业的热点。在购物节期间，各大电商平台会开展促销活动，企业可以借此机会进行促销。但企业在借行业类热点进行促销时一定要做好前期准备工作，思考用户对促销的认可度。

2. 借主题："双 11"就来淘宝狂欢节

"双 11"不仅是用户的购物狂欢节，也是各企业销量暴涨的节日。在"双 11"期间，众多企业会把握机会，进行产品促销。例如，某企业在 2020 年"双 11"前夕邀请主播王悦参与促销活动，并对"双 11"期间的直播内容进行了提前规划。

首先，王悦为"双 11"制定了不同的预热方案；其次，王悦根据产品类型选择了合适的直播平台，为不同的时间段设置了不同的促销方案，并撰写了不同的推销文案，明确了产品卖点；最后，王悦查阅了很多与产品相关的知识，希望可以更从容地回答用户的问题。

"双 11"促销活动不能"临时抱佛脚"，必须预留出足够多的准备时间，要根据淘宝的历年规则和本次活动的具体要求合理布置库存，准确设计标题，制定详细的直播规划。那么，企业需要为"双 11"促销活动做好哪些方面的准备工作呢？如图 9-3 所示。

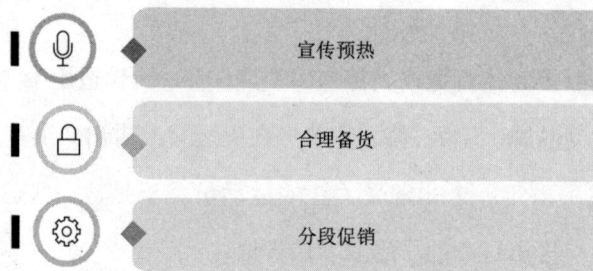

图 9-3　"双 11"促销活动前夕的准备工作

（1）做好"双 11"的宣传预热。"双 11"看似是当天的超级热卖日，但其重点其实是活动预热。预热活动做得好，直播间的销售量就会比较高。因此，企业需要提前向用户宣传直播间在"双 11"期间的促销活动，也可以提前降价销售产品，以获得更多流量。

（2）合理备货。在"双 11"期间，企业一定要合理备货。如果在"双 11"期间积压了大量库存，那么企业就需要大量时间清理库存，这会影响接下来的直播和促销活动。

（3）分段营销。在"双 11"当天，企业需要有针对性地划分时间段，明确各个时间段的主要工作。例如，在 0：00 ~ 5：00，主播需要在这一时间段为用户详细介绍直播间的优惠活动；在 5：00 ~ 18：00，主播要有重点地介绍产品，让用户了解产品；在 18：00 ~ 21：00，主播可以加大直播销售的优惠力度，吸引用户快速购买产品，如在直播中打出"买毛衣送胸针""买鞋子送袜子"等标语；在 21：00 ~ 24：00，主播要在这段时间内制造紧张气氛，如在直播间标明"双 11"活动倒计时、抽奖即将结束、热卖产品优惠截止倒计时等，让用户感觉到自己即将错失优惠，进而尽快购买产品。

"双 11"是全民购物狂欢节，但企业不应只关注产品在"双 11"期间的销售，还需要通过"双 11"促销活动为直播间的促销方案做指导。除了实现销量暴涨以外，"双 11"促销活动还能够提高企业的知名度，为主播吸引到更多粉丝。

9.2.3　时令促销：当季清仓 + 反季清仓

企业可以根据时令变化制定不同的促销方案，开展当季清仓和反季清仓的促销活动。无论是当季清仓还是反季清仓，都是以清仓为由甩卖产品，这种促销活动能够吸引大量追求实惠的用户的关注，提升产品的销售量。

1. 当季清仓：特卖当季产品

夏末秋初，秋季新款服装已经上市，而对于夏季还没有卖出的服装，许多企业都会都采取当季清仓的促销方式消化库存。对于企业而言，当季清仓有两个主要好处：一是可以清仓，为秋季新款服装准备仓储空间；二是可以回笼部分资金，缓解资金压力。

一般来说，产品销售的旺淡季转换期是清仓的绝佳机会，而产品是否合适进行清仓促销，主要是由产品本身属性决定的。例如，短袖 T 恤、凉鞋、防晒衣等产品在夏季的需求量远高于冬季，而羽绒服、毛衣、呢子大衣等产品则会在冬季销量猛增。

此外，不同地区的用户也会受到季节性影响，而有不同的消费需求。例如在冬季，我国东北地区异常寒冷，羽绒服销售火爆，而海南地区羽绒服就不会如此受欢迎。

因此，企业要根据产品属性、地区特点等制定差异化促销方案，针对淡旺季的销售情况开展相应的促销活动。同时，企业在进行当季清仓促销时要考虑以下两个方面。

（1）当季清仓会对产品在用户心中的地位造成影响，这种影响具有两面性，企业必须分析用户对产品的需求。例如，对于一些大牌高端产品而言，用户追求的是时尚、个性和价值，而不是价格的实惠，如果企业在直播间对这些产品进行清仓促销，那么不仅难以刺激用户购买，反而会影响用户对品牌的认知。对于一些日常平价产品而言，用户主要追求的是性价比，因此，企业对这些产品进行清仓促销能够激发用户的购买热情。

（2）在进行当季清仓促销时，企业一定会在一个周期内对当季产品进行更大力度的营销推广，这会导致销售成本的增加，给企业带来一定的压力。如何用最少的营销投入换取最大的销售利润？一方面，企业要结合市场和自身情况，制定系统性的周期促销计划；另一方面，在进行当季清仓促销的过程中是否能够开展更具创意、与众不同的促销活动，在合理投入的范围内获得最好的促销效果，也是企业需要考虑的问题。

2.反季清仓：促销反季产品

反季清仓也是一种非常不错的促销方式。企业通过在直播间低价销售反季产品刺激用户的购买欲望，从而促进产品销售。例如在夏季，企业一般都会采用反季清仓的促销方式销售冬季的羽绒服、毛衣等服装，借促销活动消化库存。

在某直播间，主播打出"反季清仓，冬衣5折销售"的促销口号，为用户一一展示多款羽绒服、加厚毛衣等冬季服装。直播间的徐女士看到该主播介绍的服装里有自己在去年冬天看中的一款红色羽绒服。当时这款羽绒服的价格为1 500元，因为觉得价格稍贵，所以徐女士没有购买。但是，在这次直播中，这款羽绒服5折促销，售价仅为750元。徐女士觉得机不可失，便迅速在直播间下单了。

通过上述案例可以看出，用户对于反季产品有一定的需求，企业通过反季清仓促销的方式能够有效地提高产品的销售量，清理库存。反季清仓促销最吸引用户的地方就是产品的价格十分实惠，这是反季清仓促销的核心竞争力。

企业在进行反季清仓促销时需要注意以下四个问题，如图9-4所示。

图 9-4　反季清仓促销的注意事项

（1）合理降价。反季清仓促销活动的核心竞争力是价格优惠，但企业也要注意降价的合理性，把握好促销产品的比例和降价力度。相比"全场一律 5 折"这种简单的促销方案而言，企业为产品设置合理的折扣梯度能够在保证销售成本的基础上获取更丰厚的利润。

（2）保证质量。企业在进行反季清仓促销时也要保证产品的质量，质量好的产品才是销售的王牌。如果企业不能保证产品的质量，只是低价销售产品，那么即使把产品销售出去了，也难以留存用户，甚至会影响企业的品牌形象和口碑。

（3）广告宣传。企业在进行反季清仓促销时要在直播间标出促销活动的广告宣传口号、优惠力度及活动形式，让用户一目了然。在进行活动宣传时，企业也可以隐藏部分活动惊喜，以吸引用户进一步关注促销活动，准时观看直播。

（4）服务体系。服务体系包括产品销售和售后服务两大方面。企业要在这两个方面让用户感受到自己的用心和热情。

通过以上四个方面的合理规划，企业能够更好地开展反季清仓促销活动，激发用户的购物热情，让产品更顺利地销售出去。

9.2.4　限定式促销：产品限时与限量销售

限定式促销就是限制某些要素，如时间、数量等，促使用户尽快做出消费决策。如"前 100 件产品 9 折促销"和"1 小时内下单立减 100 元"都是典型的限定式促销方式。

1. 限量：前 100 件产品 9 折促销

限量促销是常见的限定式促销。主播在直播中告知用户"产品只剩最后 100 件了，售完即止""产品限量出售 1 000 件，欲购从速"等类似的消息，让用户打消犹豫，尽快做出购买决策。在开展限量促销活动时，主播应着重介绍产品的稀缺性和价值。

例如，一位主播在直播中推销一款皮鞋，在讲解了皮鞋的材质、设计重点，展示了皮鞋的外观设计和内部结构后，主播报出了 299 元的价格。虽然在主播介绍这款皮鞋时，许多用户都表示要购买，但当主播放上皮鞋的链接后，真正下单的用户并不多。为了刺激用户下单，该主播又讲道："这款皮鞋是品牌最新设计的产品，不仅质量上乘，数量也十分有限，仅出售 1 000 件，售完后就会下架。同时，我再送大家一个福利，前 100 件产品 9 折促销。大家只要花 269 元，就可将这款皮鞋带回家，喜欢这款皮鞋的朋友们赶快下单吧！"

经过主播这样一番介绍，许多用户都害怕错失良机，便纷纷下单购买。结果这款皮鞋在接下来的 3 分钟内就售完了。该主播用限量促销的方式强调了产品的稀缺性，体现了产品的价值，激发了用户的购买热情。

在购买产品的过程中，用户往往会依据产品的稀缺性判断产品的价值。也就是说，一件产品越稀缺，其在用户眼中的价值可能会越高，用户对其购买欲望也会越强烈。因此，企业在进行产品促销时，主播可以打出"限量特价"的标语吸引用户，营造一种"产品稀缺"的现象，刺激用户购买产品。

2. 限时：1 小时内下单立减 100 元

限时促销是指在特定的时间内降低产品的价格，以超低价格的产品获得用户的关注，并促使用户产生消费行为的促销方式。"1 小时内下单，立减 100 元""新品上架，今日 9 折促销"等是都典型的限时促销方式，这些促销方式都强调产品的降价优惠。

为了激发用户的购物热情，企业在使用这种方式时要适当加大优惠力度。例如，原来在直播间内 9 折出售的产品，在限时促销中，企业可以将其折扣定为 5 折。在开展限时促销活动时，企业需要安排好与其相关的各方面内容，如图 9-5 所示。

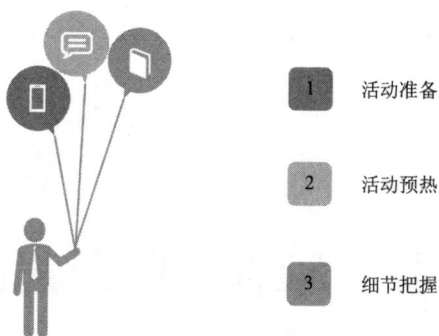

图 9-5　如何开展限时促销活动

（1）企业在进行限时促销活动前需要做好准备工作，包括明确限时促销的产品、设定活动时间、促销方式等。同时，电商平台对限时促销也有一定的要求，企业必须了解相关规则，才能保证促销活动顺利开展。

（2）企业要想取得理想的促销效果，就需要为限时促销活动营造声势。例如，企业可以要求主播充分利用直播平台、微博、微信公众号等渠道宣传活动，扩大活动的传播范围，让更多用户看到活动并参与到活动中。

（3）企业在开展限时促销活动时最好将时间设定为 1 ~ 2 个小时，制造限时促销活动的紧迫感，促使用户尽快下单。另外，企业在开展完限时促销活动后，还需要做好产品的售后服务，提升用户的购物体验。

在促销过程中，如果用户对产品迟迟没有做决定，多半可能是有这样或那样的顾虑，当企业发现用户存在顾虑后，就要立即给出解决措施。例如，企业可以要求主播在直播间内告知用户，如果对产品不满意可以无条件退货，以此更好地消除用户的顾虑。

第 10 章

短视频直播联合营销：引流转化更高效

随着市场的激烈变化，营销行业也迎来了新的变革，新营销强调的是对用户进行直接运营，"短视频＋直播营销"作为新的营销方式和工具，不仅结合了人、内容、场景、货物等多个因素，还可以用内促进行消费转化。

10.1　营销的黄金拍档：短视频 + 直播

和直播相比，短视频内容突出、观看时间短，能够快速抓住人们的目光，更符合人们碎片化的观看习惯，更容易吸引流量。短视频是直播引流的有效方式。在"短视频 + 直播"的组合玩法中，两者有不同的作用，短视频负责"种草"、直播负责"拔草"，这样可以发挥更好的带货效果，让品牌和产品深入人心。

10.1.1　短视频负责"种草"，直播负责"拔草"

对于新零售时代的企业来说，直播已成为标配，与此同时，短视频"种草"也逐渐成为另一个标配。这两种形式互为补充，互相加持，短视频负责"种草"，直播负责"拔草"，可以发挥更大的价值。其中，"种草"与"拔草"是比喻的说法，"种草"即把好的产品推荐给用户，使用户对产品产生购买欲望；"拔草"即引导用户购买产品，通过购买产品使用户心中的购买欲像拔草一样被铲除。

例如，快手就是通过"短视频 + 直播"的方式，将"种草"与"拔草"的过程放在同一平台中，发展成为"短视频 + 直播"平台。在快手上，很多企业都会在直播前发布视频进行"种草"预告，吸引更多用户进入直播间，用直播实现"拔草"，进而完成变现。

快手在这方面无疑是先驱，其构建了基于信任关系的社区氛围。信任关系是带货的关键点，因此，许多入驻快手的企业都具有很强的带货能力。同时，在快手上，还有许多企业为视频的主角设置了十分鲜明的人设，更容易成长为 IP。

除了快手以外，淘宝直播也在积极进军短视频领域。早在 2020 年初，淘宝直播就上线了短视频玩法，如年货节短视频和"翻转摄像头"等话题活动。为什么淘宝直播会进军短视频领域？目的就在于以短视频帮助企业吸引更多用户，同时打造品牌 IP。

社区化是淘宝直播的发展方向，而上线短视频功能就是其重要举措。短视频功能上线后，企业可以为用户发布"种草"视频、直播预告视频、个人视频等。这样不仅能够吸引更多用户关注直播，还能够展现品牌个性，有利于品牌 IP 的打造。

"短视频 + 直播"是大势所趋，短视频负责"种草"，直播负责"拔草"，能够发挥更好的带货效果。用户可以利用碎片化时间观看视频，视频能够更好地为用户"种草"，为直播吸引更多流量。同时，直播也能够为更多用户"拔草"，让带货更轻松、简单。

对于广大企业而言，"短视频 + 直播"既是机遇也是挑战。企业不仅要懂得视频创作技巧，还要具备比较强大的直播能力，同时将两者进行结合后，企业能够吸引更多用户购买产品，有助于视频的传播。

10.1.2　短视频"种草" + 直播"拔草"，打造营销闭环

短视频"种草"与直播"拔草"的结合能够打造营销闭环，更好地实现产品销售。相比于直接的直播带货，短视频"种草"和直播带货的结合能够发挥更大势能。

在营销过程中，短视频"种草"这个环节十分重要，有助于用户形成产品认知。短视频"种草"是对用户的一种引导，通过多样化内容引导用户对产品产生情感认同，促进用户从"种草"向"拔草"进军。通过短视

频"种草"而观看直播的用户对直播中销售的产品有更高的认可度和更强的需求，能够有效提升销售转化率。

那么，企业应该如何玩转短视频"种草"加上直播"拔草"呢？在"种草"与"拔草"的不同阶段，企业需要做的工作通常不同。

在短视频"种草"阶段，企业需要思考以下几个问题。

（1）选择什么样的产品销售？产品的自身因素会深刻影响"种草"的效果。在产品品类方面，服装类产品有天然优势，毕竟人人都需要穿衣服。同时在选择要销售的服装时，企业也要保证服装的质量并明确服装的卖点。

（2）"种草"的对象是谁？"种草"的对象即产品的目标用户，企业要从产品出发，分析产品的目标用户是哪些群体，他们的痛点和痒点分别是什么。例如，企业的主打产品是一款蕾丝纱裙，其目标用户就是想追求性感的成熟女性，而目标用户的痛点是"想找到一件可以衬托气质的衣服"，痒点是"做性感、有成熟魅力的人"。了解目标用户的痛点和痒点后，企业才能够更有针对性地制作视频，规划视频主题。

（3）在哪里"种草"？企业需要选择合适的平台进行"种草"，如抖音、快手、哔哩哔哩、小红书等都是适合进行短视频"种草"的且拥有庞大流量的平台。

（4）用什么样的方法"种草"？为了达到更好的效果，企业需要掌握有效的种草方法，突出产品的卖点。例如，当衣服是某明星同款时，企业需要在视频中突出"明星同款"这个卖点。此外，企业也可以从衣服的面料、样式、剪裁设计等方面入手，将其中的一个或者几个方面作为卖点，吸引用户的关注和购买。

在直播"拔草"阶段，企业最需要思考是如何提高直播的转化率。为此，企业需要做好以下两个方面的工作。

首先，在直播中突出产品优势。通过短视频"种草"向直播"拔草"进军的用户往往对产品已有了初步了解，其对产品是存在需求的。为了进一步激发用户的购物欲望，企业需要在直播阶段进一步强调产品优势，如质量有保证、显瘦效果明显、面料上乘等。如果产品与同类产品相比存在价格优势，那么企业也要将这种优势表现出来，以突出产品的性价比。

其次，适当地开展一些优惠活动能够有效地激发用户的购买欲望。企业可以在直播间发放一些产品优惠券，也可以开展分享有礼、满赠等活动，以福利活动促使用户消费。

短视频"种草"与直播"拔草"的结合能够建立"引流＋带货"的营销闭环。短视频的精准引流能够提高直播的转化率。企业要想挖掘短视频领域的流量红利，就要重视引流和流量变现，依托短视频"种草"与直播"拔草"建立营销闭环。

10.2　短视频预告引流：预告福利＋设置悬念

要想直播起到更好的引流效果，运营者不仅要重视直播内容，也要在直播开始前做好直播预热。运营者需要在短视频平台、微信、微博等多种渠道中发布直播预告，同时还可以同时开展转发抽奖活动扩大直播预告的曝光度。直播预告最重要的部分就是内容，只有足够吸引人的内容，才能够实现直播导流，进而扩大自己的粉丝群体。

10.2.1　预告福利，营造"千载难逢"的氛围

出于追求实惠的心理，大多数用户通过直播进行购物时都希望获得更

多福利。因此，企业在进行直播预告时一定要抓住这一点，适当透露一些直播过程中的福利，以便吸引更多用户的关注，增加用户对直播的期待感和好奇心。

例如，某服装品牌和一位直播进行联合直播，由于这次直播所销售的羽绒服是由企业直接供货给主播的，没有中间商赚差价，所以产品的价格远低于市场价格。该主播在发布直播预告时是这样写的："今晚我会在直播中抽取 3 人送出'满 999 减 199'的大额优惠券，用了这个优惠券，只需 800元就可以买到这几款精品羽绒服。大家准时来我的直播间抢购吧！"

该主播用诱人的抽奖活动预告吸引用户的目光，通过这样短短几句话，用户的好奇心被充分调动起来。同时，该主播说明羽绒服的价格，营造出这个价格简直是千载难逢的感觉。这更让用户对直播充满期待，刺激用户观看直播。

当产品在价格方面存在优势时，主播可以将低价作为福利预告的重点，营造一种"不买就会后悔"的氛围；当产品在价格方面没有优势时，主播也可以转换福利预告的侧重点，从其他方面吸引用户观看直播。

例如，一家知名的服装品牌与一位主播合作，该品牌除了提供了一些经典款的衣服和鞋子以外，还提供了 30 条精品围巾。因为围巾做工细致，样式新颖，所以十分受欢迎，在很多地区都卖断货了。结果该主播在直播预告中重点介绍了这个福利："精品围巾抽奖惊喜来袭，限量 30 条，买鞋服即可参与抽奖，抢到就是赚到！"

该主播在直播预告中突出了"精品围巾""限量 30 件""买鞋服即可参与抽奖"等福利，让用户感觉这些福利是千载难逢的。这在吸引更多用户关注直播的同时也极大地激发了用户的购物欲望。

主播在进行直播的福利预告时应注意，福利预告必须是真实的，不可过分夸大福利内容。同时，主播也应该认真分析直播中的福利是否真正名副其实。

当主播可以给予用户超值福利时，可以超值福利为出发点进行福利预告，也可以从福利的稀缺性、多样性等角度发布福利预告。只要主播的福利预告抓住了用户最关注的焦点，就可以提升福利对用户的吸引力，让用户对直播充满期待。

10.2.2　预告产品：只展示直播内容的"冰山一角"

直播预告要展示直播的亮点，同时要设下悬念，以迅速吸引用户的关注，调动用户观看直播的热情和积极性。天猫的"双11"预热活动对设计直播预告就是一个很好的启发。天猫在"双11"前1个月就开启了预售模式，为之后的正式活动做宣传预热。

天猫推出了一个广告，用幽默搞笑的方式揭示了当代人的真实生活写照，包括"自鸽星人""柠檬星人""焦绿星人"等。想买东西但是一直在拖，今天拖到明天，明天又拖到后天，最后拖到产品下架，这是"自鸽星人"的日常；手速慢，买不到自己心仪的产品，只能看别人晒产品，自己暗自酸溜溜的是"柠檬星人"；女朋友生日即将到来，但是不知道买什么礼物的是"焦绿星人"。这些情况是人们在购物时各种心理的真实展现。

在列举了这些生活实例后，天猫展示了"双11"的活动时间，提醒各位用户做好抢货准备。而这只是天猫宣传预热的第一步。为了进一步宣传"双11"活动，天猫又精心挑选出9个知名热销产品，并且提前告知用户部分活动产品，同时搭配"接地气"的宣传文案，进一步引爆用户对"双11"活动的关注。

天猫通过对火爆产品的提前预告，使用户知道了参与这次活动的产品有哪些，借助用户对产品的"种草"，又一次吸引了用户的关注。天猫预告产品的宣传方式同样也可以应用到直播带货中，主播可以通过预告部分产品的方式对直播进行宣传预热。

主播在预告产品时要注意突出产品的亮点。只预告部分极具卖点的产品，或者只对产品的亮点进行介绍，即只展示直播内容的"冰山一角"，给用户留下一定的悬念和想象空间。充满悬念的预告更能吸引用户的关注，同时，悬念和惊喜也是相辅相成的，主播在直播预告中设下悬念，用户在观看直播的过程中也会收获惊喜。

10.3　直播流量收割：激发观众购买热情

短视频负责"种草"和引流，直播负责"拔草"和流量收割，在通过短视频成功引流之后，直播促成成交转化以实现流量收割。直播是促成成交转化的有效手段，具有诸多优势，在直播的过程中，用户能够感受到运营者的魅力和直播间的火热气氛，能够与运营者实时互动交流，也能够全面、详细地了解产品的功能、质量、性价比等。直播具有超强的感染力，更能够激发用户的购物欲望，从而促成成交。

10.3.1　提供优惠：优惠券＋买一送一＋赠品

在直播中发放福利既可以让用户享受到优惠，刺激其购买产品，又可以有效地宣传和推广直播间。在具体操作上，主播可以在直播中发放优惠券，也可以通过"买一送一""免费领取赠品"等方式让用户感受到十足的诚意。

1. 发放优惠券

小梦是一名直播带货主播，因为精通穿搭技巧，所以总是为用户推销衣服和鞋子，产品品类比较单一。但由于小梦推销的产品单价比较高，因此在直播间下单的用户并不多。为了激发用户的购物热情，小梦决定在直播间发放优惠券。

在接下来的直播中，当介绍完一款呢子大衣后，小梦不仅发放了该产品的 10 元优惠券，也发放了网店的满减优惠券，减满优惠券适用于网店内的全部产品。此外，小梦又向直播间的用户表明了分享领取优惠券的规则，即用户邀请一位好友进入直播间后就可以获得额外的优惠券。在这次直播中，小梦发放了大量优惠券，产品的销售额也因此比平时上涨了 30%。这样的成绩让小梦十分高兴。

优惠券能够激发用户的购物热情。如果用户对主播推销的产品比较满意，而此时主播又向其发放了优惠券，那就能够有效刺激用户将消费想法转化为消费行动。主播也可以在用户完成下单后为用户发放优惠券，以此吸引用户进行二次消费。

而且，主播在发放优惠券时要设置一定的规则，如产品优惠券不兑现、不找零、有明确的使用期限、过期不补等。为了更好地发挥优惠券的促销效果，主播要确保优惠券发放的精准性。这需要主播做到以下两个方面。

第一，优惠券投放的精准性取决于用户对产品是否有购买需求，因此，主播在进行直播带货前要明确每场直播的主要产品品类，以便更精准地吸引目标用户。例如，主播可以将产品划分为"春季限定服装""夏日防护外套"等。同时，主播还可以为直播加上"大码女装""小个子女生专属"等标签。这些都能够帮助主播定位直播的内容，也能够吸引到对此类产品有需求的用户。在直播内容定位清晰的情况下，直播能够吸引到更多的目标用户。这时主播向这些用户发放优惠券，就能够更有效地刺激他们消费。

第二，主播在直播带货的过程中会吸引到一些忠实粉丝，这些粉丝偏爱主播的直播风格、认可主播推销的产品，在购物时会优先选择主播推荐的产品。主播为这些忠实粉丝发放优惠券，能够有效地刺激他们消费，让他们将产品分享给更多人。

因此，主播在进行直播带货时可以为忠实粉丝开设直播专场。这时直播的产品品类就无须单一了，主播可以为忠实粉丝介绍直播间的新品、经典款产品、折扣产品等。在这样的专场中发放优惠券能够激发忠实粉丝的购物热情，充分发挥优惠券的促销效果。

2. 举办"买一送一"活动

刘莹是某服装品牌的主播，在某次直播时，她重点介绍了新款的百搭针织围巾。在介绍完围巾后，刘莹在直播间打出了巨大的标语："今日下单，围巾买一送一！过期不候！"标语一出，整个直播间瞬间火热起来，用户纷纷下单，围巾立刻被抢购一空。

"买一送一"活动是一种典型的以产品为中心的福利营销方式。产品买一送一和产品直接 5 折销售是有一定的区别的。例如，一件产品买一送一相当于同时销售出两件产品，而在产品打 5 折时，用户只需一半的钱即可购买一件产品。所以，买一送一的营销方式更能提高产品的销量。但产品买一送一并不意味着送给用户的产品必须和用户购买的产品相同，也可以是买一件衣服送一条围巾。

开展"买一送一"活动还可以拓展营销渠道。例如，将新品与火热销售的经典款产品联系起来，不仅能够提高经典款产品的销量，还能够有效地曝光、推广新产品。在开展此类活动时，主播要设置好活动形式、保证执行力度，此外，主播还需要关注用户的反馈。

如果直播间赠送的产品不能让用户获得实惠，那么也很难达到很好的营销效果。主播可以根据用户的反馈了解活动是否合理，是否能够激发用户的购物热情，同时也可以根据用户的反馈对活动进行调整与优化。

3. 为用户提供赠品

2021 年国庆节期间，某服装品牌的直播间开展了"多买多送，节日购不停"的福利营销活动。活动规定，用户一次性购物满 99 元即可成为网店会员，享受全场 8.8 折优惠。同时，该活动设置了不同的梯次。用户一次性购物满 199 元即可获赠价值 99 元的围巾一条；满 299 元即可获赠价值 158 元的防晒服一个；满 399 元即可获赠价值 299 元的女性时尚套装一套；满 499 元即可获赠价值 399 元的网店购物金卡一张。

满赠活动是以产品为核心进行福利派送的主要方式，即购物满一定额度后用户可以获得某些赠品。主播可以在直播间标明赠品的价值，也可以不标明赠品的价值。例如，主播可以规定"满 599 元赠精美饰品一件"。这件饰品只用"精美"加以描述，不涉及其真实价格。用户很难用 599 元去衡量饰品的价值，从而忽略自己实际付出价值与饰品价值的对比。这能在一定程度上避免用户产生"赠品都是次品"的想法。

对于企业和主播而言，合理开展满赠活动可以有效提高产品的销售量。赠品最好是实用性及耐用性强、质量过关、外观精美的产品。此外，开展满赠活动还需要注意以下三个方面。

（1）控制成本。成本方面需要考虑的因素有三个：一是赠品成本；二是赠品包装；三是销售渠道。把握好这三个方面的成本才能够避免资源浪费，将成本控制在合理的范围内。

（2）提高宣传效果。开展满赠活动的最终目的是宣传产品，提高产品销量。直播间、微信公众号、微博等渠道都可以对直播进行推广，最大限度地提高满赠活动的宣传效果。

（3）设置活动时间。满赠活动要有时间限制，这在节约活动成本的同时也能够有效激发用户的购物热情。

　　总之，在开展满赠活动时，赠品的选择、活动的推广渠道、活动的管理工作等问题都十分重要，必须有相关的营销方案。只有保证好满赠活动各环节的工作，才能够更好地发挥出满赠活动的营销效果，让用户消费得更开心。

10.3.2　开展拼团活动，粉丝拼团促成交

　　极具优惠力度的拼团活动能够有效激发用户的购物热情，促使其在微信、微博等平台上分享拼团链接，从而吸引更多用户参与到拼团活动中来。

　　徐燕在某电商平台开了一家网店，在网店经营过程中，她通过直播带货积累了一些粉丝，也为网店的产品带来了销量。为了进一步提高销量，2021 年"双 11"前夕，她决定组织一次拼团活动，将一些有消费意向的粉丝集中起来，让大家一起购买产品。

　　徐燕在 11 月 5 日的直播中预告了"双 11"当天的拼团活动，活动规则如下。

　　（1）"双 11"当天以 2 人即可成团的方式开展拼团活动，诱发粉丝迅速抢购。

　　（2）设置梯度优惠，买得越多省得越多。例如，粉丝购买某牛仔外套，购买 1 件的价格为 138 元，2 件的价格为 238 元，3 件的价格为 318 元。

　　（3）"双 11"当天消费额度最高的粉丝将获得网店赠送的价值 899 元的羽绒服一件。

　　（4）在拼团活动中，如果老粉丝带动了新粉丝前来参加拼团活动，那么老粉丝将会获得额外的返利优惠。

　　除了发布活动规则之外，徐燕还在直播中详细地为粉丝讲解了参与拼团活动的产品、与平时相比的优惠力度等，进一步激发粉丝拼团购买的积极性。通过在直播中预告超值优惠的拼团活动，徐燕的直播间吸引了大批的粉丝关注。

在"双 11"当天，拼团活动一开始，网店的销量就节节攀升。为了进一步刺激粉丝的购物欲望，徐燕还在直播间以"粉丝昵称 + 所购产品名 + 数量"的形式实时晒出粉丝的购物清单，这一行为极大地活跃了直播间的氛围，也促使更多的粉丝积极成团下单。活动结束后，徐燕的网店在"双 11"当天的销量比平时增加了 3 倍，粉丝复购率也大大提高。

10.3.3　制造话题：引爆互动效应

直播的核心目的之一是带货，但如果主播留不住用户，那就很难顺利完成产品销售。在长达几个小时的直播里，如果主播一直围绕产品展开长篇大论，难免会让用户感到疲惫。因此，主播要通过与用户互动增强用户的参与感，例如，制造话题让用户展开讨论。

在正式直播前，主播应该为此次直播准备 3 ~ 5 个话题，但一定不要涉及一些比较敏感的内容。如果话题引发了用户的争吵，那么整场直播都会受到影响，企业反而会得不偿失。主播可以选择一些轻松、有讨论点的话题，这样可以在一个愉悦的氛围中把用户的热情和积极性调动起来，也能够让用户更积极地参与到话题互动中。

在直播推销产品的过程中，主播可以抛出一个与产品有关的话题引发用户讨论，这需要主播多关注一些与产品相关的新闻热点。例如，在推销运动服套装时，主播可以通过一些热播剧中出现的款式相似的运动服套装引发用户讨论。主播从当下热点中寻找话题可以充分调动用户的积极性，让用户参与到讨论中，增强用户的参与感。

主播在直播时要学会制造话题，能够给用户留下深刻印象的主播往往是善于制造话题的主播。此外，主播在与用户进行话题讨论时要让用户看到自己对某些事件的独特见解。双方可以在讨论中加深了解，拉近彼此之间的距离，建立彼此之间的信任关系。

　　主播在通过话题讨论调动用户积极性的同时，也要对用户的互动进行把控。如果用户的情绪过于高昂或话题讨论时间过长，那么对接下来的直播是不利的。直播间的热度和用户及主播的互动是相辅相成的。主播把控好话题的内容和讨论时间，让用户积极互动，能够让直播间的氛围更活跃，用户也会更愿意参与到直播互动中，并产生购买行为。

10.4　营销精进：深化企业短视频直播营销能力

　　随着越来越多的服装品牌、网红主播进入直播带货领域，服装市场出现了品类过剩、缺乏优质主播等问题。面对这样的问题，该如何解决？

10.4.1　孵化自有主播，形成主播矩阵

　　目前直播产业的影响力在慢慢扩大，直播行业快速发展的同时主播的准入门槛降低。有个性、有才华、创意好的人可以通过直播放大自己的优点，企业可以利用这点孵化自有主播，搭建主播矩阵。

　　某知名直播机构创始人认为，优秀的直播机构都需要建立自己的主播培训体系。培养自有主播最大的优点在于主播的可控性。

　　事实上，很多直播机构已经开始搭建培训体系，然而建立主播培训体系并不是熟悉直播平台的规则与运营就能够搭建成功的。

　　应该如何去搭建培训体系呢？

　　（1）在团队配置方面，根据不同的业务分为三个团队。星探团队负责

发掘有潜力的主播，评判主播的潜力值；学院团队负责培养主播的综合素质，学会基本的直播技能；运营团队负责辅助主播实现具体业务的发展。其中，人才的发掘是比较关键的一个环节。主播的潜力值很大程度上决定了主播的发展。

（2）在主播的成长方面，根据每一位主播的整体素质进行评定、分级训练。在基础能力训练阶段，主播需要做到从容面对镜头完成一定内容的输出；然后寻找适合自己风格的产品并且对该类目的产品有细致的了解，能够对其进行卖点提炼；最后阶段就是直播卖货的过程，积累自身流量，将其转化为销量。

（3）从时间发展上看，可以分为两个时期。初期主播从签约到能够完成基础的直播，顺利开播大概一周就可以做到；但要成为一个合格的主播，则需要进行多项锻炼与考核，经过 2~3 个月的培养才有可能达到成熟主播的阶段。

要想成为一名成熟的主播，除拥有粉丝数量、观看数量、转化率等数据，还需要必不可少的随机应变能力、控场能力、对产品的深度了解、维护粉丝等。

如何让孵化的自有主播，组建出属于企业品牌的主播矩阵？

在这之前需要了解主播适合的品类及自身优势，可以制定目标培养不同类型的主播，还要为主播带货提供产品试用等必要的支持。

每个类型的主播会有着不同的优势与价值，将不同类型的服装产品与对应的主播进行合作，可以产出丰富的内容，触达不同的群体，提高销售转化率。

多元化的带货主播通常有着非常强的销售能力，他们了解用户的喜好，了解用户的购物习惯，能够制作出促进转化的内容，带来稳定的销售额。受粉丝所喜爱的服装主播，通常会让粉丝产生购买主播同款的想法，这就是现在的淘宝服装店铺会选择身材、容貌姣好的主播的原因。

垂直专业的主播是专注于某个话题或行业的资深主播，他们在自身擅长的领域有着较高的专业度和影响力，同时粉丝圈层更为精准。他们甚至可以为产品挖掘出更深层次的卖点，在服装方面体现的就是对于服装功能、面料的研究，以增加用户对于品牌的认可。

泛娱乐型主播是能够产出热点内容的主播，他们能够制作出传播力度广的内容，接触到更广泛的人群，同时也能带来更大的曝光度，增加产品的知名度。

根据产品的类型，选择出契合度较高的主播。通常需要考虑两个方面，一方面是风格调性契合度，从视觉层面判断主播产出内容的主要话题、画面风格、剧情节奏、镜头语言等能否帮助粉丝了解到品牌的设计风格、时尚理念，建立对品牌的正确认知；另一方面是人群画像契合度，这方面更多的是基于数据判断，包括主播粉丝的年龄、性别、兴趣等，以确保内容能够准确地触达到品牌的目标人群。

品牌应在主播需要的时候为他们带货提供必要的支持。主播对于产品进行充分了解与试用后，更容易感受到产品的卖点与优势。在主播带货的过程中，主要负责的是对粉丝的引导，而商家则需要进行用户咨询、售后服务等工作，双方共同完成直播带货促进粉丝消费的过程，主播与商家还要及时地保持沟通，避免造成信息出错、误导用户。

除了孵化自有主播外，还可以通过批量化的方式，降本增效。以下两种方式也可以为品牌增加知名度。

第一种就是和优质的主播建立长期的合作关系。初期投入会比较消耗成本，需要进行筛选、沟通等，最终促成合作。如果要提高合作的效率，可以通过签订合同与主播建立长期稳定的合作关系，这样的好处就是主播已经充分了解产品，无须反复讲解，在多次合作过程中，主播也会逐渐加深对于产品的了解度，有可能挖掘出新的卖点，主播的粉丝慢慢地累积出对品牌的认知度和信任，也会转化为品牌的粉丝。

第二种就是通过直播基地，直播基地拥有完善的设施配置，大大降低了合作的成本，而且拥有足够的产品保证主播的试用需求，降低了寄发样品的成本。直播基地也为主播提供了方便，在直播基地里，直播的场景可以多元化搭建，满足不同产品的类型和受众群体。比如，母婴类的直播间搭建得较为温馨、舒适，运动服饰类的直播间搭建出潮酷风格。图 10-1 所示为母婴类直播间展示图。

图 10-1　母婴类直播间展示图

10.4.2　引入 AI 虚拟主播，"虚拟 + 真人"双主播直播不间断

孵化自有主播的结果还是由真人主播介绍产品，引导粉丝产生消费行为，但真人主播的成本高、时间有限。

随着人工智能技术的不断探索与发展，AI 虚拟主播应运而生，有效地解决了真人主播成本高、时间有限的问题。不知道经常浏览淘宝的读者有没有发现，深夜的淘宝直播间有很多商家在使用虚拟主播进行直播带货讲解。这些虚拟主播们的形象可以媲美真人，面部表情丰富，姿态各异，不仅可以给屏幕前的观众介绍产品，对答如流，还会进行跳舞、说唱等一系列有趣的互动。

因此，用智能 AI 虚拟主播代替真人主播是一个不错的选择。从官方的介绍来看，该功能模块名为"智能直播间"，是由智能技术驱动虚拟形象进行自动化开播、个性化推荐的一款智能产品。

由 AI 合成的虚拟主播在直播上至少能做到以下三点。

一是 AI 虚拟主播设定好就会按程序执行，程序设定不出错，直播就不会出错，相比真人主播，虚拟主播的直播比较稳定。

二是虚拟主播可以做到 24 小时不间断直播，对于需要拉长直播时间获得流量倾斜的商家来说，解决了直播间断的问题。

三是从受众需求层面来说，虚拟主播可支持形象、语音多种组合，能够在一定程度上解决受众对内容的多元化需求。

虽然直播带货行业已经趋于成熟，日渐规范，但存在的竞争还是很激烈。

对平台来说，在直播带货这种模式逐渐广泛的情况下，争夺流量成为每一个直播平台所需面临的挑战，不光要在同一时段获得流量，在不同的、无人的时段也要具有引流能力。

对用户来说，随着观看直播购物已成为一种常态，顾客除了关注是否有优惠外，也关注观看的感受、购物的体验，能否立刻看到想要的产品、直播介绍是否详细、画面是否美观、内容是否具有吸引力等，这些也成为影响用户购买的因素。

对商家来说，虽然商家的直播已经得到了平台的流量扶持，但与带货主播、网络红人的粉丝数量和直播流量对比还是远远不够。大多数的商家对于运营直播没有经验，只有长时直播、频繁直播才会得到一些流量支持，但这些流量却不一定带来销售转化，由此产生的直播成本随之增多。货品低价已经不再是优势，需要提升直播内容质量和直播时长才能够帮助商家获取更多的流量。目前主要有以下 3 个进化方向。

（1）在升级硬件方面则是对直播间的硬件设施进行改造，包括布景、灯光、门窗、地面，力求提供舒适的观看体验，呈现产品原貌。

（2）在视觉效果方面，可以采用真人抠图加虚拟背景，方便随时变换任意虚拟场景进行直播互动，还可以添加贴图提升直播间的美观度。

（3）在提升主播能力上，一方面可以选用专业性更强的带货主播，或者对产品了解深刻的自有主播，这两者有利于店铺的粉丝积累。另一方面AI 虚拟主播也进入直播行业，现在淘宝推出的智能直播间，让智能的虚拟主播真正实现了 24 小时自动直播，白天由真人主播进行直播，沉淀粉丝；晚上则由虚拟主播继续直播，24 小时不间断，让用户随时能够关注到直播间和直播间的产品，一定程度上降低了成本，还拉长了直播时间以争夺其他时段的流量实现转化。

在直播环节中，不是只有最终的直播展示环节，还包括直播前选品、准备、预热、数据分析等非常重要的环节。虚拟主播的作用是充当一个商家与用户之前沟通的媒介，如果让虚拟主播也能做好直播前宣传、预热、后续反馈调查、数据分析，并制作各种虚拟内容，向用户进行宣传，为用户打造出一个虚拟空间，那么未来的虚拟主播就有可能代替真人成为真正的产品代言人。

第 11 章

重复转化：社群营销汇聚私域流量

移动互联网时代，"酒香不怕巷子深"已逐渐成为传说。产品是企业的硬实力，而传播则是企业的生产力。新媒体的快速发展催生了社群营销，企业可以借助社群增强自己与用户之间的联系，更好地为用户推荐产品。许多企业意识到社群的优势，进而纷纷投入建立社群，打造私域流量的浪潮中。一时间，"参与感""仪式感""口碑"和"粉丝效应"等词成为很多企业宣传品牌和产品的口号。

11.1　打造私域流量池，实现流量重复利用

现在我国网民数量越来越多，私域流量也变得越来越重要。在这种情况下，私域流量之争日益激烈，但好在技术进步让私域流量获取变得比之前容易了很多。不过，企业也不能因此而暗自窃喜，还是要打造自己的私域流量池，想方设法提升销售转化率。

11.1.1　私域流量破解营销转化痛点

在新经济时代，流量是很多企业的核心资源。企业有流量才可以有经济效益，有经济效益，企业才会获得更好的发展。如今随着移动互联网的不断升级，企业之间的业务交集越来越多，人们在搜索时能看到电商推送，在购物时能聊天交友，在聊天交友时能查看网点链接。

流量通道被打通，很多企业都开始觊觎更精准、更有价值的私域流量。而社群则成了串联私域流量的工具。企业的品牌越优秀，就越能吸引到更多精准的用户，他们都是非常重要的私域流量，消费质量更高，更能为企业创造财富。

在技术革命的上半场，企业竞相发展，等到各领域逐渐成熟、初期的红利消退后，企业就进入了存量时代。用户的增长达不到企业的要求，流量价值也随之进一步攀升，尤其是私域流量自然是"物以稀为贵"的宝贝。

在私域流量如此珍贵的当下，社群是当之无愧的非常重要的存在。如何用社群获得私域流量？最好的方式就是让用户成为粉丝，然后让其传播品牌，提升营销效果。企业一旦有了社群，就相当于有了"子弹"，品牌传播的范围就可以更广了。

试想，如果有更多人去传播品牌，以目前移动互联网的传播速度，由此产生的影响力和知名度自然是不言而喻的。同时，品牌 IP 也能在这个过程中发展起来，为企业带来更多粉丝和私域流量，从而使企业发展进入良性循环。

如果企业无法用好私域流量，那么它就很可能变成"薛定谔的猫"，难以琢磨。例如，有些企业致力于在社群中为自己的产品做广告，让广告引发现象级刷屏，使其戳中用户的痛点。然而，有些广告虽然看上去很好，但背后却是营销数据和转化数据的惨淡。

这种现象给企业敲响了警钟，也重新定义了私域流量与广告的价值。无论是运营社群还是获取私域流量，目的都是销售产品，获得利润，而不仅是博君一笑。从传播效果来看，很多发布在朋友圈、微博、微信群等社群阵地的广告是成功的，可以吸引用户的注意，为品牌带来巨大的关注度。但如果用户在看完广告后，赞美的是广告，而不是产品本身，那就有点本末倒置的意味了，很难对营销效果产生推动作用。

企业不能因为急于搭上私域流量的快车，而忽略了自己的用户，导致营销策略与产品的目标群体分离，最终不得不惨淡收场。运营社群，获取私域流量的确可以帮助企业博得关注，但其实真正帮助企业盈利的是销售额和转化率。

很多企业为了宣传社群和获取私域流量，都执着于打造"爆款"，却忽略了自家主流用户的痛点，最后只能造成"虚假繁荣"，对产品的实际销量不会有太大帮助。不同的用户关注点不同，如年龄偏大的女性用户更喜欢偏主流的宣传方式，文案华丽简洁，而冗长且旨意不明的广告显然对她们起不了作用。

如果用户对一个广告的直观感受是"不知道在说什么""内容太长了，没有吸引力""对产品的强化不够""操作过程复杂"，并且当他们想购买产品，花哨的广告却指导他们进行各种搜索、点击、跳转时，那么用户很可能会在这个过程中流失掉。

因此，如果企业想在社群中发广告，务必要以用户为基础进行设计，这样生成的私域流量才是有效的。只有有效的私域流量才可以带来高转化率，最终为企业盈利。

11.1.2　从公域到私域，持续挖掘粉丝价值

美国知名学者凯文·凯利曾经提出"一千个铁杆粉丝"理论，具体内容为艺术家、音乐家、摄影师、工匠、演员、动画师、设计师、视频制作者、作家等做原创来传递正能量和价值的人，只需要有 1 000 名铁杆粉丝便可以糊口。

另外，凯文·凯利认为，"铁杆粉丝"就是指无论你创造出什么作品，他们都愿意付费购买。例如，他们愿意驱车 200 英里来听你唱歌，即使手上已经有了你的 CD；他们会在社交平台上搜索你的名字，时刻关注与你有关的所有信息。

实际上，这个理论与私域流量息息相关，非常适用于社群运营。也就是说，企业只要获得了 1 000 个铁杆粉丝，就可以养活一个社群团队。如果大家不相信，那么不妨试想，假设 1 个铁杆粉丝每年可以带来 100 元的利润，1 000 个铁杆粉丝带来的利润就是 10 万元。

而且，大家要知道，100 元只是一个保守估计，对于大多数人来说，每

年拿出 300 元或 500 元贡献给自己喜欢的社群并不是问题。这样算下来，企业每年通过运营社群就可以获得几十万元的利润。

小李是一位网店店主，主要销售男士服装。他运营着一个 1 500 人的社群，在这 1 500 人中，大概 300 人是一般粉丝，剩下的 1 200 人都是铁杆粉丝。然而，小李就是靠着这 1 200 位铁杆粉丝养活了自己的团队。那么，他究竟是如何做到的呢？其实并不是特别困难。

首先，小李每天都会在社群里发布一些高质量文章，作为价值输出；其次，他会不定期地组织线上与线下活动。通过这样的方式，他积累了 1 200 位铁杆粉丝，并依靠他们获得了盈利。至于是如何盈利的，他为了推广自己的网店，选择的是产品销售模式。

除了推送高质量文章以外，小李每天还会在社群里发布网店内的产品链接，这些产品都是他精心挑选过的，既物美又价廉，深受粉丝喜爱，特别是那些铁杆粉丝。另外，根据小李自己计算，每件产品大概可以赚 5 元，最少的一次当天一共卖出去 600 件衣服。

我们可以计算一下，小李每天推送一款产品，每件产品赚 5 元，一共卖出去 600 件，那他这一天就可以盈利 3 000 元，一个月也就是 9 万元。要知道，600 件是最低的销售量，所以真正的盈利通常要超过 9 万元。以这样的月收入养活他自己和团队，应该不是问题。

通过上述案例，大家应该可以更深刻地理解"一千个铁杆粉丝"理论，也应该更相信"只需拥有 1 000 名铁杆粉丝便能糊口"的观点。对此，可能有些人担心自己并不能积累到 1 000 名铁杆粉丝，其实这种担心是非常没有必要的，因为想积累 1 000 名铁杆粉丝并不是很难。

在这一点上，小李的案例应该可以给大家启发，那就是要注重价值输出，这里所说的价值输出可以是高质量的内容，可以是积极向上的价值观，也可以是物美价廉的产品。只要粉丝感受到了社群价值，并为之着迷，就有机会从一般粉丝转变为铁杆粉丝。

例如，你可以学习服装穿搭技巧，让自己成为这方面的小专家，然后再找一些合适的平台输出你可以提供的价值。这是吸引铁杆粉丝和提高盈利很有效的方法。慢慢地，你就会通过此方法收获一些可以为你带来盈利的铁杆粉丝。当铁杆粉丝积累到一定数量时，社群的商业价值就可以显现出来，将流量从公域转变为私域也会成为一件自然而然的事情。

11.2 社群内容输出：内容是提供价值的主力

有社群就要有内容输出。内容是社群的关键所在，企业要想运营好一个社群，就必须对内容进行规划，让内容为粉丝提供价值。社群输出的内容一定是有明确方向的，并且要让粉丝感受到社群的价值，以此增强粉丝对社群的黏性。

11.2.1 输出有方向：把握输出的核心内容

内容输出对于社群的长久经营十分重要，是决定社群生命力的重要因素。所以，企业在规划社群内容前，首先要明确社群内容输出的方向和核心内容。具体地说，企业可以从以下几个方面入手把握社群输出的内容，如图 11-1 所示。

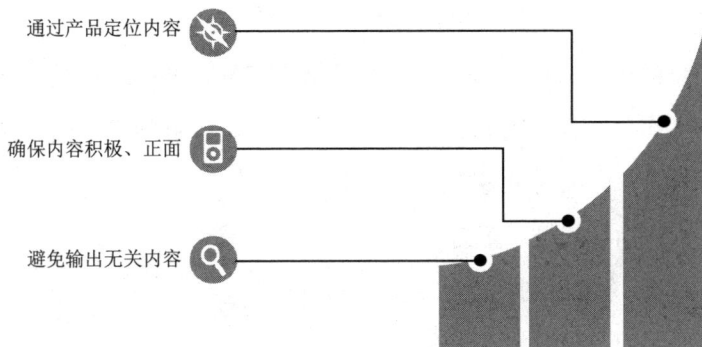

图 11-1　如何把握社群输出的内容

（1）通过产品定位内容

企业需要根据自己推销产品的类型确定社群输出的内容。例如，对于销售服装的企业来说，社群输出的内容必须围绕服装展开，包括直播间的优惠活动、服装的产品信息、服装的试穿体验分享与保养技巧传授等。

例如，张颖在某电商平台开了一家网店，并将在网店下过订单的用户聚集到一个微信群中。她经常会在微信群中发布服装的保养技巧，询问用户在服装搭配上是否有问题，而且还会真诚地感谢每一位粉丝，尽心尽力地为大家服务，如图 11-2 所示。

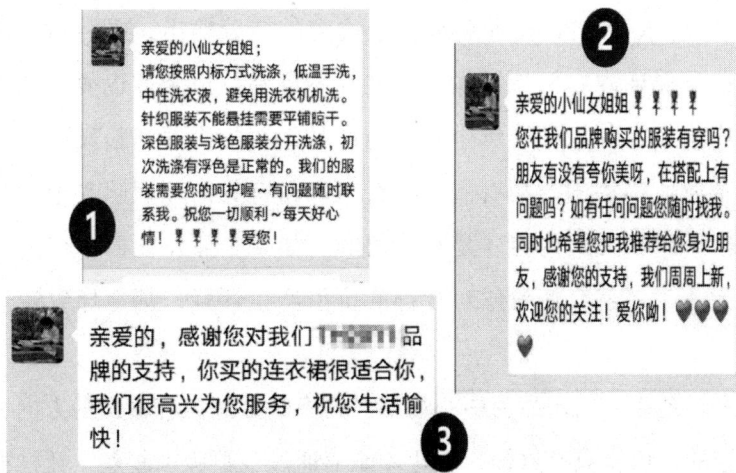

图 11-2　张颖在微信群发布的内容

　　当然，大家也可以扩展社群的输出内容，分享一些不同服装的挑选方法。但应该注意的是，社群输出的内容必须是固定的，要围绕产品展开。社群中的粉丝大多是产品的受众，企业根据产品确定社群的输出内容能更好地满足粉丝的需求，吸引更多粉丝加入社群。

　　（2）确保内容积极、正面

　　企业向粉丝输出的内容必须是积极正面的，这样的内容更受粉丝欢迎。例如，某网店店主就经常在微信群里发布一些实用的穿搭技巧，为粉丝提供手把手教学，如图 11-3 所示。

　　积极、向上的内容让粉丝更有热情，也让粉丝乐于在社群中分享自己的经验。企业用积极、向上的内容调动粉丝的积极性，可以让社群十分活跃，也可以使产品销售额不断增长。

　　（3）避免输出无关内容

图 11-3　微信群的内容输出

　　要想经营好社群，企业就要保证内容的持续输出，吸引粉丝长久地关注社群。保证内容的持续输出虽然并不容易，但企业也要注意，不能为了达成这个目标就在社群中发布与产品无关的内容。粉丝进入社群是因为对企业所销售的产品有需求、对与产品有关的知识感兴趣。对粉丝而言，与产品相关的内容才是有价值的。如果企业在社群中输出的内容与产品无关，那就会使粉丝对社群的价值产生怀疑，甚至导致粉丝退出社群。

　　总之，企业要以产品为中心规划好内容，把握内容输出的方向，不断提升内容的价值。只有这样，企业才能够通过社群吸引粉丝，让社群发展得更快、更好。

11.2.2　话题多变：紧跟当下热点变换话题

社群有一定的社交性，正因如此，企业才能够通过社群维护粉丝，用社群带动直播间的销量。社群的活跃程度主要体现在粉丝的讨论热情上——社群是一个将有同样目的、兴趣、价值观的粉丝聚集起来的平台，而粉丝在这个平台上的主要活动方式就是讨论、交流。

如果社群不断讨论同一个话题，一直输出与这个话题相关的内容，那么粉丝可能很快就会对这个话题失去兴趣。因此，为了持续激活粉丝，经常更换内容的话题是十分有必要的。企业可以一周更换一次话题，而且要保证每个话题之间不重复。

此外，企业还要保证话题的内容与产品紧密相连。只有这样，保持社群的活跃程度才有意义。企业可以从以下四个切入点出发，挑选适合社群的话题，如图 11-4 所示。

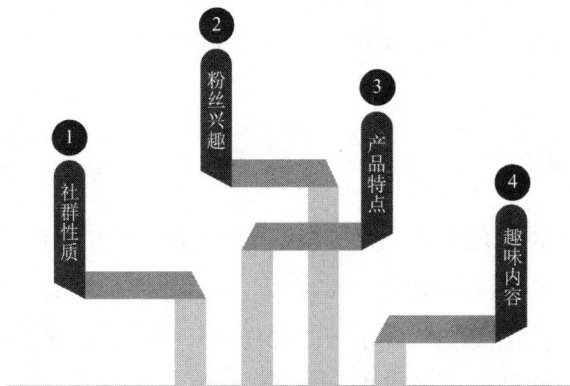

图 11-4　挑选社群话题的四个切入点

1. 社群性质

企业从社群性质出发选择话题，能够在潜移默化中让粉丝改变观念，更容易接受产品。例如，一个企业的主营业务是婴儿服装销售，其社群提供的内容都是与婴儿服装相关的。企业在推出新款婴儿服装时，会先发文告诉粉丝该产品的相关信息，如面料、尺码、搭配建议等。这样会让粉丝提前了解该产品，等到企业在直播中销售该产品时，粉丝会更有欲望购买。

2.粉丝兴趣

社群形成的基础就是粉丝有相同的兴趣，因此，企业在挑选话题时需要考虑粉丝的兴趣。粉丝对话题感兴趣，自然会积极参与到讨论中。要想保证自己挑选的话题符合粉丝的兴趣，企业就要对粉丝进行分析与研究，包括粉丝的年龄层次、学历层次、所处地域及从事行业等。在粉丝较多的情况下，企业可能无法保证自己挑选的话题符合每一位粉丝的兴趣，但至少要确保话题符合大多数粉丝的兴趣。

3.产品特点

企业建立社群的目的是希望促进产品销售，这就要求其在选择社群的话题时要注意将话题与产品结合在一起。企业可以从产品的特点入手，为产品制造有意义的话题让粉丝讨论，以便让粉丝更深入地了解产品，吸引粉丝购买产品。

4.趣味内容

趣味性浓厚的话题能够吸引更多粉丝的关注，还可以调节社群的气氛。但是，这种类型的话题不适合经常使用。因为过多地设置强趣味性的话题可能会分散粉丝的注意力，不利于产品销售。另外，企业要有选择性地使用趣味性话题，更要坚决抵制低级趣味的内容。

综合地看，与产品密切相关、符合大多数粉丝的审美趣味、顺应时代潮流且兼具趣味性的话题，是企业选择的最优话题。

11.2.3 物质激励＋精神激励，让粉丝成为社群内容的创作者

在运营社群时，通过输出内容吸引更多粉丝是绝对不可以忽视的环节，

但这并不意味企业不需要关注其他环节。对于企业来说，巩固粉丝，让他们成为内容的创作者，更好地为社群输出私域流量也十分重要。固粉工作的关键在于社群促活。

企业只有让社群具备长久的生命力，让粉丝真正感受到社群的价值，他们才会一直留在社群里，为社群贡献更多优质内容。那么，企业应该如何做好社群促活环节呢？比较好的方法是为粉丝提供物质激励与精神激励。

1. 物质激励：百试百灵的促活方法

物质激励是非常直接的促活手段，只要在社群里发布自己觉得不错的内容就能获得一些礼物或现金红包，几乎没有粉丝会拒绝这样的事。企业把握好物质激励的诀窍，就能玩转社群促活，具体可以从以下几个方面入手。

（1）定期发放暖心小礼物。企业可以定期为粉丝发放礼物，鼓励粉丝在社群里输出内容。礼物的价格不需要太高，但要符合粉丝所需。这样有利于带给粉丝惊喜，让粉丝在体验到输出内容满足感的同时还经常能收获附加价值，何乐不为呢？

（2）适时组织抢红包大战。发红包是激励粉丝的常用方法，可以让社群的活跃度被带动起来。例如，某网店店主就会不定期在微信群里发红包，为粉丝提供一些福利，粉丝也会在抢到红包后向店主表达感谢，如图 11-5 所示。

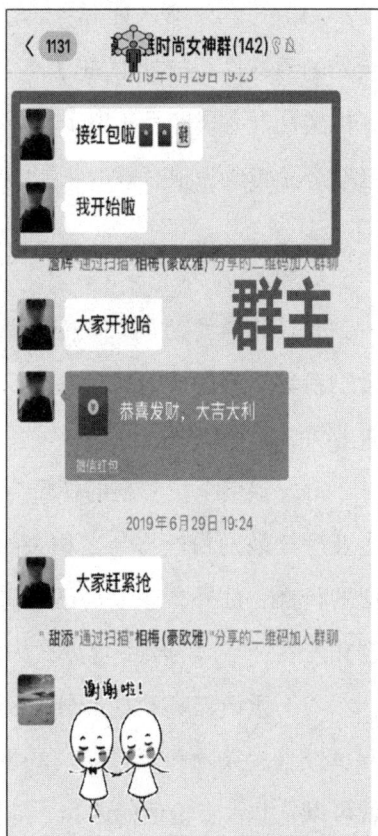

图 11-5　在微信群发红包

当然，发红包最好有针对性，说明给谁发，为什么要发等问题。例如，群主在发红包时可以这样说："现在我发5个69元的红包感谢5个人：第1个红包给叶美美，感谢他每天分享穿搭经验；第2个红包给汪星，感谢他充满正能量，在群里很活跃；第3个红包给王冰冰，感谢他观点犀利，启发大家思考；第4个红包给范少爷，感谢他做了很多幕后工作；第5个红包给刘璐，感谢他将社群里的内容和我们的产品主动分享到朋友圈。"

这样粉丝能看到获得红包的人做了怎样的贡献，就会激励他们去学习和效仿。

（3）开发并赠送社群专属产品。企业可以为社群设计专属产品以增强产品的独特性，如社群周边产品（印制有社群 Logo 的主题 T 恤、帽子等）、虚拟类社群专属产品（电子相册、电子资料等）。随着社群文化的逐渐形成，这些产品将成为很有效的物质激励方法。

2.精神激励：细水长流的促活方法

有什么样的精神，就能成就什么样的社群。积极、正能量的精神可以激励粉丝时刻保持饱满状态，积极为社群贡献优质内容。在精神激励方面，企业可以采取以下措施。

（1）推出全员参与的社群专题活动。社群专题活动要符合粉丝的需求，企业应该鼓励粉丝将与之相关的信息分享到朋友圈，从而使活动得到更广泛的传播。此外，企业自己也可以通过酷炫的视频、精良的海报、强大的嘉宾阵容、丰富的奖品等方式为活动宣传造势。

（2）邀请嘉宾来社群分享经验。企业可以邀请一些受粉丝喜爱的嘉宾分享经验，鼓励粉丝将嘉宾的发言整理成文档发布到社群里，这样的文档就可以是非常有价值的内容。在邀请嘉宾方面，企业要提前与嘉宾协商流程，安排好场地和时间。

（3）举办线上活动。线上活动尽量安排在晚上，同时还要制定一些具体规则，以便使其有序进行。企业可以在活动的最后设置互动环节，让粉丝与嘉宾直接接触，并适当发放一些福利，从而吸引粉丝全程参与活动。在活动结束后，粉丝可以表达自己对活动的看法和建议，将其整理成文字资料就是非常好的内容。

（4）安排线下活动。线下活动是打造归属感的关键，可以帮助企业培养铁杆粉丝，提升粉丝的活跃度，用较低的成本为社群造势。线下活动要有固定的时间、地点、内容，这样可以帮助企业快速赢得粉丝的心，为后续的营销奠定基础。

企业非常不愿意看到社群像一潭"死水"一样，没有任何一点生气，而是希望大家可以在社群里讨论问题，输出一些质量很高的内容。要想做到这一点，企业就必须做好促销活动环节，用物质激励和精神激励增强粉丝的积极性，提高销售转化率。

11.3　社群规范管理：以制度规范行为

现在各种规模、各种类型的社群不胜枚举，为了更好地维护秩序，企业要运营并管理自己的社群。正所谓"不以规矩，不能成方圆"，企业要牢牢地记住这句话，将其付诸实践。例如，企业可以选拔管理人才，为社群划分部门，并制定相应的规则。这样有利于加强社群管理，规范成员的行为，使社群更好地发展下去。

11.3.1 在社群成员汇总选拔管理人才

企业在打造社群时，非常关键的一步就是从社群成员中挖掘管理人才。管理人才往往具有很强的影响力和感染力，不仅可以引领其他成员，更代表了整个社群的利益诉求。一个合格的管理人才能够对社群产生非常深刻的影响。

因此，挖掘并培养管理人才是企业在实现社群裂变过程中的一项重要工作。当然，了解管理人才的重要性并不代表企业就可以将其运用得当。有些企业很难确定哪些成员能够成为社群中的管理人才。因此，企业挖掘并培养管理人才的第一步就是了解哪些成员在社群中扮演着关键角色，思考这些成员是否可以成为社群中的管理人才。

企业可以从以下几个方面分析成员，为社群挑选出合适的管理人才。

（1）成员的活跃度和活动参与度。

（2）成员的下单情况。

（3）成员的产品反馈情况及其在社群中的内容输出情况。

企业要选择那些活跃度高、积极参加社群活动并且经常在直播间下单、愿意在社群中输出优质内容的成员作为社群的管理人才。因为这样的成员通常会被其他成员熟知和信赖。另外，在挖掘和培养管理人才的过程中，企业要考虑好管理人才的数量。通常情况下，在一个 200 人左右的社群中，应该有 5 ~ 10 位管理者，这是一个比较合适的数量。

那么，企业在找到合适的管理者后，应该如何对其进行培养，发挥其影响力？企业可以组织话题，让管理者有机会展现自己的技能、发表自己的看法；也可以为管理者制定一些有价值、有影响力的输出内容；还可以把管理者输出的内容进行重点推送，对他们提出的社群活动进行重点支持和推广，将他们发表的内容置顶等。

管理人才是社群的重要支撑，社群需要他们引导其他成员的思想和行为。管理人才的数量和质量在很大程度上决定了社群的运营效果。因此，企业要想更好地管理社群，通过社群实现销售转化，就应该挖掘并培养数量更多、质量更高的管理人才。

11.3.2　划分部门，精细化管理

在刚刚建立社群的初期阶段，通常会有一个社群运营团队。不过，随着社群的不断发展与壮大，成员会越来越多，最开始的运营团队也许已经不能承担如此巨大的工作压力。这时，大家就应该扩大自己的运营团队，为运营团队指明方向，做精细化管理。

运营团队应该是有组织、有分工的，大家需要将其分成不同的部门，负责不同的工作，这样才可以多方面发展。在给团队分工时，大家应该注意，分工并不是一成不变的，而是要根据社群的实际情况，如发展阶段、市场环境、盈利情况等进行及时优化与调整。

此外，好的分工应该是在完成某项任务时，大家只需找到一个带头人就可以。例如，找一个人负责"每日打卡"工作，提醒并督促其他成员打卡。这种方式适合社群的日常管理。但是，如果是在组织某项社群活动时，分工就需要非常明确、精细，规定好哪个人负责哪项工作，并确定好完成工作的期限。

当社群已经比较成熟，具有一定的规模时，大家应该把社群当成企业一样，设立不同的部门，并明确各个部门的职责。在设立部门并明确职责时，大家可以参照以下案例。

×××社群的运营者将自己的社群分成行政部、活动部、拓展部、外联部、后勤部五个部门，并明确各个部门的职责，具体如下。

1. 行政部

（1）制定社群内部管理制度，并在执行的过程中，做好监督工作；

（2）负责招聘新的社群员工，优化社群团队结构；

（3）负责培训新员工，管理和考核老员工；

（4）负责社群文件的下达工作；

（5）负责社群中的财务工作；

（6）对社群办公室进行严格的管理；

（7）负责社群内容的相关工作。

2. 活动部

（1）负责社群活动的组织工作，保证定期组织一次社群活动；

（2）制定社群活动方案；

（3）负责推广并宣称社群活动。

3. 拓展部

（1）负责社群招商工作，具体包括拟定招商计划、制定招商方案；

（2）认真完成群主制定的招商任务；

（3）负责社群的推广工作。

4. 外联部

（1）与社群活动的赞助商进行接洽，沟通相关事宜；

（2）与其他社群进行活动接洽；

（3）负责社群活动的报名工作。

5. 后勤部

（1）管理及维护好社群的日常运营；

（2）回复社群成员的咨询、解决社群成员的问题；

（3）负责社群物品的管理工作。

上述案例将分工做得特别细致，每个部门负责不同的工作，这种方式对社群的运营和管理是相当有利的。但在大多数情况下，如果社群处于初建阶段，那么大家可能没有办法也没有条件去进行如此细化的分工，此时就可以采取第一种方式，为每项任务找一个带头人，等社群发展到一定程度时再去细化分工。

还有非常关键的一点，大家在分工时不能完全复制其他社群的模式，因为各个社群的情况大都是不相同的。大家应该根据自己的社群进行部门的划分和职责的确定，例如，产品型社群应该增加产品部、销售部；而学习型社群就应该增加学生部、教师部等。这样才可以让社群的分工体系更科学、合理，确保各个部门良好地运行。

11.3.3　制定规则：命名规则 + 言行规则 + 任务规则 + 惩罚规则

每个社群都必须有规则，否则很难长久地发展下去。社群规则是约束成员日常行为的行为准则，既是成员的义务，也是成员的责任。社群规则在社群管理中可以起到非常重要的作用，因此，企业有必要掌握以下几种社群规则，如图 11-6 所示。

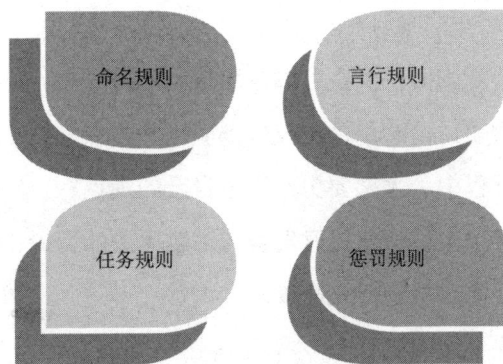

命名规则

言行规则

任务规则

惩罚规则

图 11-6　社群规则的类型

1. 命名规则

在一个社群中，所有成员都应该用相同的格式为自己命名，这样除了让社群看起来更整齐以外，也便于群主认识和管理成员。例如，在管理地域类社群时，群主可以制定这样的规则：进入社群后，大家要把自己的名称改成统一的格式"真实姓名＋所处省份＋所处城市"。

这样群主就可以很清楚地知道成员的地理位置，以后再组织线下活动时就可以有针对性地召集成员，吸引更多成员参与。

2. 任务规则

在一定的时间内，每位成员都要完成相应的任务，如果没能按时完成，那么就要接受一定的惩罚。例如，群主可以为成员制定这样规则：每天晚上 9 ~ 10 点，每位成员都要在社群中发布一篇原创内容，并在群里选择两篇自己的喜欢的文章分享到朋友圈。如果原创内容被其他成员分享到朋友圈，那么这位成员将获得 50 元微信红包。

有了这样的规定，成员们就会非常积极地创作，并源源不断地为社群提供优质内容。

3. 言行规则

在制定言行的规则时，群主可以按照以下范例进行：

（1）在进行话题讨论时，每位成员都应该积极参加；

（2）在讨论过程中，大家要勇于发表自己的观点；

（3）在讨论过程中，切勿随意发表与话题无关的言论；

（4）严禁对其他成员进行人身攻击；

（5）严禁出现不文明词汇。

有了上述几点言行规则，成员在发言前就会深思熟虑一番。

4.惩罚规则

在社群中，任何成员都不能越界，例如，发布一些暴力、色情等不良信息；在"广告时间"以外发广告等。如果成员有违反，那么需要接受以下惩罚：情节较轻者给予警告，情节严重者直接从社群内清退。

关于制定社群规则，大家最好保证群策群力。当然，在社群构建的初期阶段，大家可以按照自己的想法制定社群规则。但到了后期阶段，社群的各种情况就会变得比较复杂，那时就不能完全由大家自己做主了。在形成社群规则时，大家要尽量让所有成员都参与进来，一起讨论，等到达成一致意见后再正式地执行。

用这样的方法制定出来的社群规则，成员会比较容易遵守。大家想一想，如果你制定出来的是社群规则，根本没有成员愿意去遵守，那么作为群主的你，颜面何存？威信何在呢？以后在对社群进行管理和维护时，你的工作也不好开展。

当然，大家要是强行推出自己制定的社群规则，那也不是不可以，但大家的影响力必须要远远超过其他成员。只有这样，他们才会心甘情愿地去遵守社群规则。需要注意的是，很多时候，根据民意制定出来的社群规则会有更好的管理效果，也会为社群带来更好的发展。

除此以外，如果社群中成员数量过多，那就应该采取适当的禁言措施：在工作时间内，不可以在社群里闲聊，休息的时间可以适当聊一些别的话题，以便更好地活跃气氛。有了这样的规定，刷屏、闲扯、打广告的现象就可以有明显改善。

我们经常会说"不以规矩，不能成方圆"，为社群制定规则的目的是让社群朝着正确的方向前进，不会偏离轨道。

第 12 章

品牌扩张：实现品牌和销量的规模化增长

对于任何品牌来说，核心目标都应该是创造规模化增长，而品牌要是拥有了创造规模化增长的能力，那就很可能会进一步升级，一举成为"独角兽"。同样地，在品牌扩张过程中，通过品牌延伸、品牌多元化实现品牌和销量的规模化增长也是一个非常重要的环节。

12.1　品牌延伸：创建或导入新的服装品牌

随着服装行业的竞争日益激烈，很多企业都愿意进行品牌延伸，以扩大市场份额、降低市场风险。那么，企业应该如何做好品牌延伸呢？本节就为大家解决这个问题。

12.1.1　将品牌人格化，满足消费者更多需求

现在品牌虽然具有比较强大的经济价值，但消费者对其的信任程度还需要进一步加强。而且，对于绝大多数消费者来说，人格的吸引力可能早就已经超过了品牌的吸引力。于是，追求品牌人格化便成了一件必须得到足够重视的事情。品牌人格化就是将品牌进行拟人化、拟物化，从而实现品牌与消费者之间的情感沟通。

那么，企业应该如何将品牌人格化呢？应该遵循以下几个步骤，如图 12-1 所示。

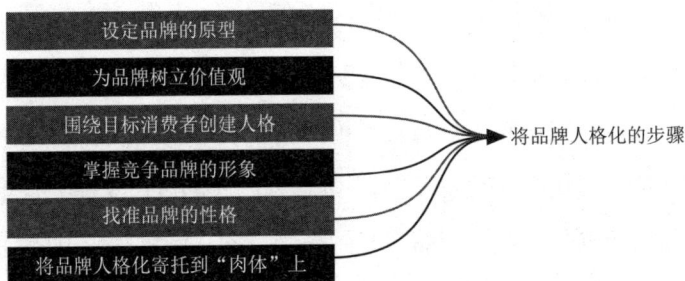

图 12-1　将品牌人格化的步骤

1. 设定品牌的原型

简单地说，原型其实是某一个类型的通用版本，如"母亲"就是一种原型，但这种原型可以展现出很多不同的性格。美国学者玛格丽特·马克和卡洛斯·皮尔森根据四个人性动机——稳定、征服、归属、独立，将品牌的原型分为 12 个种类，具体如下。

稳定：创造者、照顾者、统治者

征服：英雄、反抗者、魔法师

归属：凡夫俗子、情人、弄臣

独立：天真者、探险家、智者

以独立当中的"探险家"为例，"探险家"是自由主义者，喜欢运动、愿意尝试新鲜事物，希望自己是一个与众不同的存在，而且一直致力于在外部世界寻找与自己内在需求相呼应的东西。因此，如果你的品牌亲近大自然，可以给消费者带来一种自由、放松、豁达的感觉，那就非常适合把"探险家"设定为原型。例如，户外用品品牌探路者就将自己定位为"探险家"，致力于为消费者提供质量上乘的户外服装和极致的户外体验。

2. 为品牌树立价值观

价值观是品牌的根，也是品牌的灵魂。企业在进行营销的过程中，以品牌为核心会产生各种各样的创意。当创意泛滥时，品牌很可能无法随着时间慢慢增值，进而对企业产生不良影响。

例如，有些品牌今年主打高贵冷艳风格，明年就换成了搞笑逗趣风格。作为普通消费者的我们，能不能深刻理解这些品牌的价值观呢？很难。因此，企业要为品牌树立价值观，为品牌找到一个方向，围绕这个方向持续坚持，不断重复，才能使其深深地扎根在消费者心中。

3. 围绕目标消费者创建人格

对于企业来说，除了要把品牌包装好以外，还必须包装好目标消费者。首先，企业应该对目标消费者进行了解，弄清楚他们的性格、特征、消费习惯、表达逻辑、心理活动、话语体系等；其次，企业还要知道在所有目标消费者中，谁掌握着话语权。在这种情况下，企业就应该提前想清楚自己的目标消费者是谁，自己要为他们提供什么样的价值？

4. 掌握竞争品牌的形象

了解了目标消费者后，接下来就需要对竞争品牌进行调研。正所谓"知己知彼，百战不殆"，如果企业为品牌建立一个与竞争品牌不同的形象，那么是不是就可以吸引更多消费者呢？当然是。例如，耐克和阿迪达斯是运动领域两个知名的品牌。

在选择代言人时，这两个品牌往往更倾向于那些非常顶尖，有着不寻常天赋和强壮身体的运动员，例如，詹姆斯、梅西、贝克汉姆等。但是，UA（Under Armour，安德玛）却反其道而行，大胆地选择了库里作为自己的代言人。

库里的形象是什么？走着平凡道路，通过自己不懈的努力改变了肌肉对篮球运动的统治，保持着令人艳羡的三分球纪录。这样的形象有利于让消费者从中找到共鸣和希望。而事实也证明，在库里成为 UA 的代言人后，UA 不仅获得了更好的发展，还一度超越了阿迪达斯，成为仅次于耐克的全美第二大运动品牌。

当然，企业在树立形象时不一定非要与竞争品牌截然相反，具体要如何选择，还要结合一些其他因素，如价值观、人格、目标消费者、品牌定位等。

5. 找准品牌的性格

在很多情况下，同样的人格化角色会有不同的性格，至于具体是什么性格，那就必须考虑消费者的喜好和偏爱，毕竟在消费者心中，性格就相当于品牌所具有的人格化特征。在品牌面前，有多种性格可以选择，如高冷、内向、逗趣、热情、亲切、可爱、正经、懒惰、勇敢、细心、正直、沉着、淡定等。企业在为品牌设定性格的过程中要以品牌的定位、价值观、形象为基础，同时还要结合自身实际情况。

最后，性格的稳定性也非常重要。一个性格多变的人都不会获得太多的喜爱，更何况是一个品牌呢？那些经常更换性格的品牌，不仅会让消费者没有安全感，还会对自身形象产生影响，从而导致自身知名度难以提升。

6. 将品牌人格化寄托到"肉体"上

将品牌人格化寄托到"肉体"上就是临门一脚，主要目的是让前面几个步骤可以有一个着落点。这里所说的着落点可以是产品、创始人，也可以是特殊员工、理念、吉祥物等。目前在所有品牌人格化的着落点中，创始人最常用，也十分有效。

众所周知，只要是品牌就都是抽象的，而创始人则不同，他是具象的。因此，把品牌人格化寄托在创始人身上，那就可以化抽象为具象，进而赢得更多消费者的理解和喜爱。例如，李宁将自己的气质和性格深深融入品牌，为品牌增添了一个人格化光环。

将品牌人格化的最终目标是让消费者深刻感受到品牌的温度，并充分认可品牌的文化和价值，与消费者进行更深层次的沟通和交流。

12.1.2 双向扩张：自创新品牌 + 引入新品牌

双向扩张包括两大类策略：自创新品牌、引入新品牌。

1. 自创新品牌

Prada 曾经凭借设计时尚、高质量的服装和配套产品获得了皇室和上流社会的追捧。现在该品牌仍然备受青睐，在奢侈品牌界拥有极高的声誉。为了实现扩张，Prada 推出了自创的副线品牌 MIU MIU，如图 12-2 所示。该品牌保留了 Prada 的一贯风格，但又添加了一些可爱、青春、活力的元素。其服装多用素色，还会配上卡通图案，满足了一众童心未泯的女性消费者的需求，深受喜爱。

图 12-2　MIU MIU 的线下门店

2. 引入新品牌

在追求多品牌策略的当下，很多企业都会在成功打造某个品牌后再继续推出一个新品牌。这些新品牌定位更年轻，蕴含更多极具个性化的时尚理念。例如，雅戈尔曾经就引入了新品牌 GY；太平鸟推出新品牌贝斯堡；浙江印象实业推出新品牌 COCOON 等。这些新品牌都有一个非常前卫、时尚、富有国际感的名字，在定位上走年轻化路线。而且，因为老品牌通过多年发展已经积攒了非常强大的实力，所以新品牌一上线就可以推向市场，受到欢迎。

服装市场需要新品牌，但必须是有特色、定位清晰的新品牌。否则，很可能使市场上更混乱，消费者认不清品牌，甚至不认品牌了。这样对于企业来说就得不偿失了。

12.2　品牌多元化：安踏的崛起扩张之路

品牌多元化是企业实施多品牌战略的重要体现。多品牌战略是指企业根据自身情况和市场发展趋势为不同品类赋予不同品牌的做法。这样可以满足不同细分领域的差异性需求，从而使企业占领更多市场份额，吸引更多消费者。

12.2.1　多项合作，多品类纵向延伸

企业在扩张时可以使用单一品牌，对同一产品线上的品类进行延伸，使其在功能上相互补充，满足同一消费群体的不同需求。例如，金利来就成功采取品类延伸策略，逐步推出了更符合时代潮流的男士用品，如皮带、皮包、钱夹、恤衫、T恤衫、西装、吊带等，从而实现了扩张，使"金利来，男人的世界"得到进一步体现。

除了金利来以外，安踏也在不断延伸细分运动品类，发布了以"实力无价"为主题的篮球战略，并成为NBA中国官方市场合作伙伴及产品授

权商，大大提升了自己的知名度，进一步优化了自己的品牌形象。同时，安踏还与凯文·加内特等 NBA 巨星签约，从而不断强化自己在篮球装备领域的专业属性，打造自己的美誉度和影响力，如图 12-3 所示。

图 12-3　"实力无价"篮球战略

安踏甚至还发布了"run with me"跑步战略，帮助极限马拉松运动员陈盆滨完成"连续 100 天跑 100 个马拉松"的挑战。后来，安踏又签约国家足球队队长郑智，与恒大足球学校合作，携手发布以"只管去踢"为主题的足球战略，全力推动青少年足球发展。

从篮球、马拉松再到足球，安踏巩固住了自己在运动品类市场的地位，而且目前还在不断完善品类细分策略，在多个领域全面发力，推出专业的运动鞋服，提升自己的公众认可度。

12.2.2　多项收购，多品牌横向扩张

除了品类纵向延伸策略以外，多品牌横向扩张策略也非常受到企业的欢迎。

仍以安踏为例，安踏定位于运动鞋服市场，致力于为消费者提供专业、高质量的体育用品。其旗下有多个子品牌，如 FILA 定位于高端运动鞋服市场，与顶级设计师的合作，为消费者提供高端产品；安踏儿童是知名儿童运动鞋服品牌，会随着安踏青少年足球战略的发布获得更快速的发展；体

育户外品牌 Sprandi 进一步扩大了安踏的品牌版图，帮助其实现业绩增长。

多品牌策略可以帮助企业提高抗风险能力，为不同品类设置不同品牌，每个品牌之间又相互独立。这样可以避免因为个别品牌的失败而影响其他品牌的发展和企业的整体形象。此外，多品牌策略非常适合服装零售商，可以使其在货架上占有更大空间，获得更多销售机会。

多品牌策略虽然有众多优势，但对企业的实力、管理能力有非常高的要求，而且其对市场规模的要求也很高。